Skutočné talianske chute pre vaše kulinárske dobrodružstvo

Jednoduché a autentické recepty pre každú príležitosť

Jana Balážová

OBSAH

Chlebové rezance vo vývare 8

Tirolské žemľové knedle 10

Polievka zo zelených fazule a klobásy 13

Endivia polievka a mäsové guličky 16

polievka "ženatý" 19

toskánska rybia polievka 22

Rybia polievka s kúskami 25

Polievka z morských plodov, cestoviny a fazuľa 27

Mušle a mušle v paradajkovom vývare 31

marinara omáčka 34

čerstvá paradajková omáčka 36

Paradajková omáčka, sicílsky štýl 38

Paradajková omáčka, toskánsky štýl 41

Omáčka na pizzu 44

"falošná" mäsová omáčka 46

Ružová omáčka 49

Paradajková omáčka s cibuľou 51

omáčka z pečených paradajok 53

Ragú v štýle Abruzzo 55

Neapolské ragú 58

klobásové ragú 62

Ragú v marcovom štýle 64

Toskánska mäsová omáčka 67

Ragu Bologna 71

kačacie ragú 74

Králičie alebo kuracie ragú 77

Porcini a mäso Ragu 80

Bravčové ragú s čerstvými bylinkami 83

Ragú s hľuzovkovým mäsom 86

Maslo a šalviová omáčka 90

svätý olej 92

Syrová omáčka Fontina 94

Bešamelová omáčka 95

Cesnaková omáčka 97

Zelená omáčka 99

Omáčka zo sicílskeho cesnaku a kapary 101

Omáčka z petržlenu a vajec 103

Červená paprika a paradajková omáčka 106

olivová omáčka 108

Omáčka zo sušených paradajok 109

Korenistá omáčka v štýle molise 111

majonéza z olivového oleja 113

Linguine s cesnakom, olejom a feferónkou 116

Špagety s cesnakom a olivami 118

Linguine s pestom 120

Tenké špagety s vlašskými orechmi 123

Linguine so sušenými paradajkami 125

Špagety s paprikou, pecorínom a bazalkou 127

Penne s cuketou, bazalkou a vajcami 131

Cestoviny s hráškom a vajcami 134

Linguine so zelenými fazuľkami, paradajkami a bazalkou 137

Uši so zemiakovým krémom a rukolou 140

Cestoviny a zemiaky 142

Škrupiny s karfiolom a syrom 145

Cestoviny s karfiolom, šafranom a ríbezľami 147

Motýliky s artičokami a hráškom 150

Fettuccine s artičokami a ošípanými 153

Rigatoni s baklažánovým ragú 157

Sicílske špagety s baklažánom 160

Motýliky s brokolicou, paradajkami, píniovými orieškami a hrozienkami 163

Cavatelli s cesnakovou zeleninou a zemiakmi 166

Cuketa Linguine 169

Penne s grilovanou zeleninou 172

Penne s hubami, cesnakom a rozmarínom 176

Linguine s červenou repou a cesnakom 178

Motýlik s červenou repou a zeleňou 180

Cestoviny so šalátom 183

Fusilli s pečenými paradajkami 185

Lakte so zemiakmi, paradajkami a rukolou 189

Rustikálne Linguine v rímskom štýle 192

Penne s jarnou zeleninou a cesnakom 194

Cestoviny "Arrastrada" so smotanou a hubami 196

Rímske cestoviny s paradajkami a mozzarellou 199

Fusilli s tuniakom a paradajkami 201

Linguine so sicílskym pestom 203

Špagety s pestom "Loco" 205

Motýliky so surovou omáčkou Puttanesca 207

Cestoviny so surovou zeleninou 209

Špagety "Ponáhľaj sa" 211

Penne "naštvaný" 214

Rigatoni s ricottou a paradajkovou omáčkou 216

Chlebové rezance vo vývare

Passatelli v Brode

Vyrobí 6 porcií

passatelli*Sú to rezancové prúžky cesta zo suchej strúhanky a strúhaného syra spojeného s rozšľahanými vajcami. Cesto prechádza zariadením podobným šťouchačke na zemiaky alebo mlynčeku na potraviny priamo do vriaceho vývaru. Niektorí kuchári pridávajú do cesta trochu čerstvo nastrúhanej citrónovej kôry. Passatelli vo vývare bolo svojho času tradičným nedeľným jedlom v Emilia-Romagna, po ktorom nasledovala pečienka.*

8 domácich šálokMäsový vývarbuďKuracia polievkaalebo zmes polovice vývaru z obchodu a polovice vody

3 veľké vajcia

1 šálka čerstvo nastrúhaného Parmigiano-Reggiano a ďalšie na podávanie

2 lyžice čerstvej plocholistej petržlenovej vňate, veľmi jemne nasekané

1/4 lyžičky strúhaného muškátového orieška

Asi 3/4 hrnčeka suchej strúhanky

1. V prípade potreby pripravte vývar. Potom vo veľkej mise rozšľahajte vajcia, kým sa nespoja. Vmiešajte syr, petržlen a muškátový oriešok, kým nebude hladká. Pridajte toľko strúhanky, aby vznikla hladká hustá pasta.

dva. Pokiaľ nie je čerstvý, priveďte vývar do varu vo veľkom hrnci. Ochutnajte vývar a prípadne dochuťte.

3. Na hrniec umiestnite mlynček na potraviny s čepeľou s veľkým otvorom, šťouchadlom na zemiaky alebo sitkom s veľkým otvorom. Syrovú zmes pretlačte cez mlynček alebo sitko do vriaceho vývaru. Varte na miernom ohni 2 minúty. Odstráňte z ohňa a pred podávaním nechajte 2 minúty odpočinúť. Podávajte horúce s ďalším syrom.

Tirolské žemľové knedle

Canederli

Vyrobí 4 porcie

Kuchári v severnom Taliansku v blízkosti rakúskych hraníc pripravujú žemľové knedle, ktoré sú úplne odlišné od knedlí passatelli vyrobených v Emilia Romagna. Podobne ako rakúsky knödel sa canederli vyrába z celozrnného alebo ražného chleba, ochutené salámou (suchá klobása z hrubo mletého bravčového mäsa) alebo bologna (jemná klobása z veľmi jemne mletého bravčového mäsa ochuteného muškátovým). Dusí sa v tekutine, potom sa podávajú vo vývare, ale dobré sú aj s paradajkovou alebo maslovou omáčkou.

8 domácich šálok<u>Mäsový vývar</u>buď<u>Kuracia polievka</u>alebo zmes polovice vývaru z obchodu a polovice vody

4 šálky bezsemenného ražného chleba alebo deň starého celozrnného chleba

1 šálka mlieka

2 lyžice nesoleného masla

1 1/2 šálky nakrájanej cibule

3 unce salámy, bolonskej alebo údené šunky, jemne nasekané

2 veľké vajcia, rozšľahané

2 lyžice nasekanej čerstvej pažítky alebo čerstvej plocholistej petržlenovej vňate

Soľ a čerstvo mleté čierne korenie

Asi 1 hrnček univerzálnej múky

1/2 šálky čerstvo nastrúhaného Parmigiano-Reggiano

1. V prípade potreby pripravte vývar. Potom vo veľkej mise namočte chlieb na 30 minút do mlieka a občas premiešajte. Chlieb by sa mal začať rozpadať.

dva. V malej panvici rozpustite maslo na strednom plameni. Pridajte cibuľu a varte za častého miešania do zlatista, asi 10 minút.

3. Obsah panvice zoškrabnite na chlieb. Pridajte mäso, vajcia, pažítku alebo petržlenovú vňať a podľa chuti osoľte a

okoreňte. Pridáme toľko múky, po troškách, aby zmes držala tvar. Nechajte 10 minút stáť.

Štyri. Navlhčite si ruky studenou vodou. Odoberte asi 1/4 šálky zmesi a vytvarujte guľu. Guľu obaľte v múke. Guľôčku cesta položte na kus voskového papiera. Opakujte so zvyšnou zmesou.

5.Priveďte do varu veľký hrniec vody. Znížte teplotu, aby sa voda varila. Opatrne položte polovicu mäsových guličiek alebo len toľko, aby hrniec nepreplnil. Varte 10 až 15 minút alebo pokiaľ nie sú mäsové guličky prepečené. Pomocou dierovanej lyžice preložte karbonátky na tanier. Zvyšné fašírky uvaríme rovnakým spôsobom.

6.Až budete pripravení polievku podávať, zahrejte vývar na miernom ohni. Pridajte mäsové guličky a varte 5 minút alebo kým sa neprehrejú. Mäsové guličky podávajte vo vývare so strúhaným syrom.

Polievka zo zelených fazule a klobásy

Zuppa di Fagiolini

Vyrobí 4 porcie

Jedného leta, keď som bol malý, som navštívil pratetu, ktorá mala nádherný viktoriánsky dom na pobreží Long Islandu v New Yorku. Každý deň varila prepracované obedy a večere pre svojho manžela, ktorý podľa všetkého neočakával menej ako tri chody. Toto bola jedna z polievok, ktoré by som pripravoval.

Na túto polievku používam strednezrnnú ryžu, takú, akú používam na rizoto, pretože to doma obvykle jem, ale išla by aj dlhozrnná ryža.

2 lyžice olivového oleja

1 stredná cibuľa nakrájaná

1 červená alebo žltá paprika, nakrájaná

3 talianske bravčové klobásy

2 veľké paradajky, olúpané, zbavené semienok a nakrájané, alebo 1 šálka konzervovaných paradajok, nakrájaných

8 uncí zelených fazule, orezaných a nakrájaných na malé kúsky

štipka mletej červenej papriky

Soľ

3 šálky vody

1 1/4 šálky strednezrnnej ryže, ako je Arborio

1. Nalejte olej do strednej panvice. Pridajte cibuľu, papriku a klobásu a za občasného miešania varte, kým zelenina nezmäkne a klobása zľahka nezhnedne, asi 10 minút.

dva. Pridajte paradajky, zelené fazuľky, drvenú červenú papriku a soľ podľa chuti. Pridajte 3 hrnčeky studenej vody a priveďte do varu. Znížte teplotu a varte 15 minút.

3. Klobásy preložte na tanier. Klobásy nakrájame na tenké plátky a vrátime do hrnca.

Štyri. Pridajte ryžu a varte, kým ryža nezmäkne, ďalších 15 až 20 minút. Podávajte horúce.

Endivia polievka a mäsové guličky

Zuppa di Scarola a Polpettini

Vyrobí 6 až 8 porcií

Toto bola moja obľúbená polievka, keď som vyrastal, aj keď sme ju jedli len počas sviatkov a zvláštnych príležitostí. Stále neodolám a robím to často.

4 domáce litreKuracia polievkaalebo zmes polovice vývaru z obchodu a polovice vody

1 stredná hlava endívie (asi 1 libra)

3 veľké mrkvy, nakrájané

mäsové gule

1 libra hovädzieho alebo mletého teľacieho mäsa

2 veľké vajcia, rozšľahané

¹1/2 šálky cibule veľmi jemne nakrájané

1 šálka strúhanky

1 šálka čerstvo nastrúhaného Pecorino Romano a ďalšie na podávanie

1 lyžička soli

čerstvo mleté čierne korenie, podľa chuti

1. **1.** V prípade potreby pripravte vývar. Ďalej orežte eskarolu a vyhoďte všetky pomliaždené listy. Odrežte konce stonky. Oddeľte listy a dobre ich umyte studenou vodou, najmä v strede listov, kde sa hromadia nečistoty. Stohujte listy a narežte ich priečne na 1-palcové prúžky.

2. **dva.** Vo veľkom hrnci zmiešajte vývar, endívia a mrkva. Priveďte do varu a varte 30 minút.

3. **3.** Medzitým si pripravte fašírky: Zmiešajte všetky ingrediencie na fašírky vo veľkej mise. Rukami (alebo malým dávkovačom odmerky) vytvarujte zo zmesi malé guličky o veľkosti malých hrozna a dajte na tanier alebo tácku.

4. **Štyri.** Keď je zelenina hotová, jemne vhoďte do polievky jednu po druhej mäsové guličky. Varte na miernom ohni, kým nie sú mäsové guličky prepečené, asi 20 minút. Ochutnajte a upravte

korenie. Podávajte horúce, posypané strúhaným Pecorino Romano.

polievka "ženatý"

ministerka Maritata

Vyrobí 10 až 12 porcií

Mnoho ľudí predpokladá, že táto neapolská polievka dostala svoje meno podľa toho, že sa podáva na svadobných hostinách, ale v skutočnosti „ženatý" znamená spojenie chutí mäsa a rôznej zeleniny, ktoré sú hlavnými zložkami. Je to veľmi starý recept, svojho času pokrm, ktorý ľudia jedli denne a pridávali k nemu akékoľvek zvyšky mäsa a zeleniny, ktoré našli. V dnešnej dobe je to považované za trochu staromódne, aj keď si neviem predstaviť uspokojivejšie jedlo v chladnom dni.

Namiesto nižšie uvedenej zeleniny možno použiť mangold, čakanku, kel alebo kapustu. Vyskúšajte Janov alebo iný taliansky salámu namiesto soppressata alebo šunkovú kosť k prosciuttu. Pre najlepšiu chuť pripravte polievku deň pred podávaním.

1 libra mäsitých bravčových rebier (bravčové rebrá vo vidieckom štýle)

1 kosť prosciutto (voliteľne)

2 stredné mrkvy, nakrájané na plátky

2 rebrá zeleru s listami

1 stredná cibuľa

1 libra talianskej bravčovej klobásy

1 hrubý plátok importovaného talianskeho prosciutta (asi 4 unce)

1 kus 4 unca soppressata

štipka mletej červenej papriky

1 1/2 libry (1 malá hlava) endívia, orezaná

1 libra (1 stredný zväzok) orezanej brokolice

1 libra (asi polovica malej hlavy) kelu, nastrúhané

8 uncí brokolice, nakrájané na ružičky (asi 2 šálky)

čerstvo nastrúhaný Parmigiano-Reggiano

1. Vo veľkom hrnci dáme variť 5 litrov vody. Pridajte bravčové rebrá, kosti prosciutto, ak používate, mrkva, zeler a cibuľu.

Znížte teplotu na mierny plameň a varte 30 minút na strednom plameni.

dva. Odstráňte penu, ktorá stúpa na povrch. Pridajte klobásu, prosciutto, soppressatu a drvenú červenú papriku. Varte, kým bravčové rebrá nezmäknú, asi 2 hodiny.

3. Medzitým si umyjeme a nakrájame všetku zeleninu. Priveďte do varu veľký hrniec vody. Pridajte polovicu zeleniny. Priveďte do varu a varte 10 minút. Pomocou dierovanej lyžice preložte zeleninu do sita nad veľkou misou. Zostávajúcu zeleninu uvarte rovnakým spôsobom. Dobre sceďte a nechajte vychladnúť. Po vychladnutí zeleninu nakrájame na malé kúsky.

Štyri. Po 2 hodinách varenia vyberte mäso a klobásy z vývaru. Vyhoďte kosti a nakrájajte mäso a klobásy na malé kúsky.

5. Vývar necháme trochu vychladnúť. Z vývaru zoberte tuk. Vývar sceďte cez jemné sitko do veľkého čistého hrnca. Vráťte mäso do vývaru. Pridajte zeleninu. Vráťte do varu a varte 30 minút.

6. Podávajte horúce, posypané strúhaným parmezánom-Reggiano.

toskánska rybia polievka

Cacciucco

Vyrobí 6 porcií

Čím viac druhov rýb do hrnca pre túto toskánsku špecialitu pridáte, tým lepšie bude polievka chutiť.

1 1/4 šálky olivového oleja

1 stredná cibuľa

1 nakrájané zelerové rebro

1 nakrájaná mrkva

1 nasekaný strúčik cesnaku

2 lyžice nasekanej čerstvej petržlenovej vňate

štipka mletej červenej papriky

1 bobkový list

1 živý homár (1 až 2 libry)

2 celé ryby (každá asi 11/2 libry), ako je porgy, vyzliekaný ostriež, červený chňapal alebo morský ostriež, očistené a nakrájané na kúsky (vyberte a rezervujte hlavy)

1 1/2 šálky suchého bieleho vína

1 libra paradajok, olúpaných, zbavených semienok a nakrájaných

1 libra chobotnice (kalamáre), očistená a nakrájaná na 1-palcové krúžky

Plátky toastového talianskeho chleba

1. Nalejte olej do veľkého hrnca. Pridajte cibuľu, zeler, mrkvu, cesnak, petržlen, papriku a bobkový list. Varte na strednom plameni za častého miešania, kým zelenina nezmäkne a nezezlátne, asi 10 minút.

dva. Položte homára na doštičku dutinou hore. Neodstraňujte pásky, ktoré držia pazúry zatvorené. Chráňte si ruku ťažkým držiakom na uterák alebo hrnce a držte homára nad chvostom. Ponorte špičku ťažkého kuchárskeho noža do tela v mieste, kde sa chvost pripája k hrudi. Pomocou nožníc na hydinu odstráňte tenkú škrupinu, ktorá pokrýva mäso chvosta. Odstráňte tmavú chvostovú žilu, ale ponechajte zelené tomalley a červené koraly, ak existujú. Dajte chvost stranou. Telo homára a pazúry na kĺboch nakrájajte na 1- až 2-palcové kusy. Udrite do pazúrov tupou stranou noža, aby ste ich zlomili.

3.Do hrnca pridajte homáru prsnú dutinu a vyhradené rybie hlavy a odrezky. Varte 10 minút. Pridajte víno a na miernom ohni varte 2 minúty. Pridajte paradajky a 4 šálky vody. Priveďte do varu a varte 30 minút.

Štyri. Pomocou dierovanej lyžice vyberte homácu dutinu a rybie hlavy a bobkový list z hrnca a vyhoďte. Zostávajúce ingrediencie dajte cez mlynček na potraviny do veľkej misy.

5.Hrniec opláchneme a zalejeme polievkou. Tekutinu priveďte do varu. Pridajte mäkkýše, ktorí potrebujú dlhšiu dobu varenia, ako sú chobotnice. Varte takmer do mäkka, asi 20 minút. Pridajte homárie chvost, pazúry a kúsky rýb. Varte, kým homár a ryba nebudú vo vnútri nepriehľadné, asi ešte 10 minút.

6.Do každej polievkovej misy dajte opečené plátky chleba. Nalejte polievku na chleba a podávajte horúce.

Rybia polievka s kúskami

Ciuppin

Vyrobí 6 porcií

Na túto polievku môžete použiť jeden druh ryby alebo niekoľko druhov. Pre viac cesnakovú chuť potrite plátky toastu strúčikom surového cesnaku, než pridáte polievku do misiek. Námorníci z Janova zaviedli túto klasickú polievku do San Francisca, kde sa mnoho z nich usadilo. San Franciscans nazýva ich verziu cioppino.

2 1/2 libry rôznych pevných rybích filiet z bieleho mäsa, ako je halibut, morský ostriež alebo mahi mahi

1 1/4 šálky olivového oleja

1 stredná mrkva, jemne nakrájaná

1 detský zeler, nakrájaný nadrobno

1 stredná cibuľa nakrájaná

2 strúčiky cesnaku jemne nasekané

1 šálka suchého bieleho vína

1 šálka olúpaných, semenných a nakrájaných čerstvých paradajok alebo konzervovaných paradajok

Soľ a čerstvo mleté čierne korenie

2 lyžice nasekanej čerstvej petržlenovej vňate

6 plátkov talianskeho alebo francúzskeho toastu

1.Kúsky ryby opláchnite a osušte. Rybu nakrájajte na 2-palcové kúsky, kosti vyhoďte.

dva. Nalejte olej do veľkého hrnca. Pridajte mrkvu, zeler, cibuľu a cesnak. Varte za častého miešania na strednom plameni do mäkka a do zlatista, asi 10 minút. Pridajte rybu a varte za občasného miešania, ďalších 10 minút.

3.Zalejeme vínom a na miernom ohni varíme. Pridajte paradajky, soľ a korenie podľa chuti. Pridajte studenú vodu na zakrytie. Priveďte do varu a varte 20 minút.

Štyri. Pridajte petržlen. Do každej polievkovej misy vložte plátok toastového chleba. Nalejte polievku na chleba a podávajte horúce.

Polievka z morských plodov, cestoviny a fazuľa

Cestoviny a Fagioli a aj Frutti di Mare

Vyrobí 4 až 6 porcií

Polievky, ktoré kombinujú cestoviny a fazuľu s morskými plodmi, sú obľúbené v celom južnom Taliansku. Toto je moja verzia tej, ktorú som vyskúšal v Alberto Ciarla, slávnej reštaurácii s morskými plodmi v Ríme.

1 libra malých mušlí

1 libra mláďat mušlí

2 lyžice olivového oleja

2 unce jemne nakrájané pancetty

1 stredná cibuľa, jemne nakrájaná

2 strúčiky cesnaku jemne nasekané

3 šálky varených, sušených alebo konzervovaných fazule cannellini, odkvapkaných

1 šálka nakrájaných paradajok

1 1/2 libry kalmáre (chobotnice), nakrájané na 1-palcové krúžky

Soľ a čerstvo mleté čierne korenie

8 uncí špaget, nalámaných na 1-palcové kúsky

2 lyžice nasekanej čerstvej petržlenovej vňate

extra panenský olivový olej

1. Mušle vložte na 30 minút do studenej vody, aby boli zakryté. Vydrhnite ich tvrdou kefou a zoškrabnite všetky hamamely alebo riasy. Odstráňte ostne ťahom smerom k úzkemu koncu škrupín. Vyhoďte všetky mušle, ktoré majú prasknutú škrupinu alebo ktoré pri poklepaní pevne netesnia. Vložte mušle do veľkého hrnca s 1/2 šálky studenej vody. Hrniec prikryjeme a privedieme do varu. Varte, kým sa mušle neotvoria, asi 5 minút. Pomocou dierovanej lyžice preložte mušle do misky.

dva. Vložte mušle do hrnca a prikryte panvicu. Varte, kým sa mušle neotvoria, asi 5 minút. Vyberte mušle z hrnca. Tekutinu z hrnca precedíme cez papierový kávový filter do misky a dáme nabok.

3.Pomocou prstov vyberte mušle a mušle zo škrupín a vložte ich do misy.

Štyri. Nalejte olej do veľkého hrnca. Pridajte pancettu, cibuľu a cesnak. Varte za častého miešania na strednom plameni do mäkka a zlatisto hnedej, asi 10 minút.

5.Pridajte fazuľu, paradajky a chobotnice. Pridajte vyhradené šťavy z morských plodov. Priveďte do varu a varte 20 minút.

6.Pridajte kôrovce a varte, kým sa neuvarí, asi 5 minút.

7.Medzitým priveďte do varu veľký hrniec s vodou. Pridajte cestoviny a soľ podľa chuti. Varte do mäkka. Sceďte cestoviny a pridajte ich do polievky. Pokiaľ sa vám polievka zdá príliš hustá, pridajte trochu tekutiny z cestovín.

8.Pridajte petržlen. Podávajte horúce, pokvapkané extra panenským olivovým olejom.

Mušle a mušle v paradajkovom vývare

Zuppa di Cozze

Vyrobí 4 porcie

Môžete to urobiť so všetkými mušľami alebo všetkými mušlemi, ak chcete.

2 libry mušlí

1 1/2 šálky olivového oleja

4 strúčiky cesnaku, jemne nasekané

2 lyžice nasekanej čerstvej petržlenovej vňate

Štipka drvenej červenej papriky.

1 šálka suchého bieleho vína

3 libry zrelých paradajok, olúpaných, zbavených semienok a nakrájaných alebo 2 konzervy (28 až 35 uncí) dovezených talianskych lúpaných paradajok, nakrájaných

Soľ

2 libry malých mušlí

8 plátkov talianskeho alebo francúzskeho toastu

1 celý strúčik cesnaku

1. Mušle vložte na 30 minút do studenej vody, aby boli zakryté. Vydrhnite ich tvrdou kefou a zoškrabnite všetky hamamely alebo riasy. Odstráňte ostne ťahom smerom k úzkemu koncu škrupín. Vyhoďte všetky mušle, ktoré majú prasknutú škrupinu alebo ktoré pri poklepaní pevne netesnia.

dva. Vo veľkom hrnci rozohrejte olej na strednom plameni. Pridajte nasekaný cesnak, petržlen a drvenú červenú papriku a varte, kým cesnak nezezlátne, asi 2 minúty. Pridajte víno a varte na miernom ohni. Pridajte paradajky a štipku soli. Varte na strednom plameni za občasného miešania do mierneho zhustnutia, asi 20 minút.

3. Jemne vmiešajte mušle a mušle. Hrniec prikryte. Varte 5 až 10 minút, kým sa mušle a mušle neotvoria. Tie, ktoré sa neotvárajú, vyhoďte.

Štyri. Toast potrieme nakrájaným strúčikom cesnaku. Do každého hlbokého taniera vložte kúsok chleba. Navrch dajte mušle a mušle a ich tekutinu. Podávajte horúce.

používať s inými potravinami.

marinara omáčka

marinara omáčka

Vyrobí 2 1/2 šálok

Cesnak dodáva tejto rýchlo uvarenej omáčke v juhotalianskom štýle jej charakteristickú chuť. Neapolci strúčiky ľahko rozdrvia bokom veľkého noža. To uľahčuje odstránenie šupky a otvára klinčeky, aby uvoľnil svoju chuť. Pred podávaním odstráňte celé strúčiky cesnaku.

Bazalku pridávam na konci doby varenia pre najčerstvejšiu chuť. Sušená bazalka je zlá náhrada za čerstvú, ale môžete ju nahradiť čerstvou petržlenovou vňaťou alebo mätou. Táto omáčka je ideálna na špagety alebo iné suché cestoviny.

1 1/4 šálky olivového oleja

2 veľké strúčiky cesnaku, nasekané

štipka mletej červenej papriky

3 libry čerstvých slivkových paradajok, olúpaných, zbavených semienok a nakrájaných, alebo 1 plechovka (28 uncí) dovezených

talianskych lúpaných paradajok so šťavou, prešla mlynčekom na potraviny

Soľ podľa chuti

4 lístky čerstvej bazalky, nakrájané na kúsky

1. Nalejte olej do strednej panvice. Pridajte cesnak a červenú papriku. Varte na strednom plameni, cesnak raz alebo dvakrát otočte, kým nezozlátne, asi 5 minút. Odstráňte cesnak z panvice.

dva. Pridajte paradajky a soľ podľa chuti. varíme 20 minút za občasného miešania, alebo kým omáčka nezhustne.

3. Vypnite oheň a pridajte bazalku. Podávajte horúce. Môže byť vyrobený vopred a skladovaný v tesne uzavretej nádobe v chladničke po dobu až 5 dní alebo v mrazničke po dobu až 2 mesiacov.

čerstvá paradajková omáčka

Leggero omáčka

Pripraví 3 šálky

Táto omáčka je neobvyklá v tom, že nezačína obvyklou cibuľou alebo cesnakom vareným na olivovom oleji alebo masle. Namiesto toho sa aromatické látky dusia spolu s paradajkami, aby omáčka získala jemnú rastlinnú chuť. Podávajte s niektorou z čerstvých cestovín alebo ako omáčku k frittáte či inej omelete.

4 libry zrelých slivkových paradajok, olúpaných, zbavených semienok a nakrájaných

1 stredná mrkva, nakrájaná

1 stredná cibuľa nakrájaná

1 malé zelerové rebro, mleté

Soľ podľa chuti

6 lístkov čerstvej bazalky, nakrájanej na malé kúsky

1 1/4 šálky extra panenského olivového oleja

1. Vo veľkom, ťažkom hrnci zmiešajte paradajky, mrkvu, cibuľu, zeler, štipku soli a bazalku. Hrniec prikryjeme a varíme na strednom plameni, kým sa zmes nerozvarí. Odkryte a za občasného miešania varte 20 minút alebo kým omáčka nezhustne.

dva. Necháme mierne vychladnúť. Omáčku pretiahnite mlynčekom na jedlo alebo pyré v kuchynskom robote alebo mixéri. Jemne prehrejte a ochuťte korením. Pridajte olej. Podávajte horúce. Môže byť vyrobený vopred a skladovaný v tesne uzavretej nádobe v chladničke po dobu až 5 dní alebo v mrazničke po dobu až 2 mesiacov.

Paradajková omáčka, sicílsky štýl

Sicílska omáčka Pomodoro

Vyrobí asi 3 šálky

Videl som Annu Tascu Lanzu, ktorá prevádzkuje školu varenia vo vinárskom sídle svojej rodiny Regaleali na Sicílii, ako pripravovala paradajkovú omáčku. Všetko to ide do hrnca, a keď sa to varí dostatočne dlho, omáčka sa rozdrví v mlynčeku na jedlo, aby sa odstránili semienka paradajok. Maslo a olivový olej, pridané na konci doby varenia, omáčku obohatia a osladia. Podávajte so zemiakovými haluškami alebo čerstvým fettuccine.

3 libry zrelých paradajok

1 stredná cibuľa, nakrájaná nadrobno

1 strúčik cesnaku nasekaný nadrobno

2 lyžice nasekanej čerstvej bazalky

štipka mletej červenej papriky

1 1/4 šálky olivového oleja

1 lyžica nesoleného masla

1. Ak používate mlynček na pyré, rozštvrťte ich pozdĺžne a prejdite na krok 2. Ak používate kuchynský robot alebo mixér, paradajky najskôr olúpte: Priveďte do varu stredný hrniec s vodou. Pridajte paradajky po niekoľkých a varte 1 minútu. Pomocou dierovanej lyžice ich vyberte a vložte do misky so studenou vodou. Opakujte so zvyšnými paradajkami. Paradajky olúpeme, odstránime jadrovníky a odstránime semienka.

dva. Vo veľkom hrnci zmiešajte paradajky, cibuľu, cesnak, bazalku a drvenú červenú papriku. Prikryjeme a privedieme do varu. Varte 20 minút alebo kým cibuľa nezmäkne. Necháme mierne vychladnúť.

3. Nechajte zmes prejsť mlynčekom na potraviny, ak používate, alebo rozmixujte v mixéri alebo kuchynskom robote. Pyré vráťte do hrnca. Pridajte bazalku, červenú papriku a soľ podľa chuti.

Štyri. Tesne pred podávaním omáčku prehrejte. Odstráňte z ohňa a pridajte olivový olej a maslo. Podávajte horúce. Môže byť vyrobený vopred a skladovaný v tesne uzavretej nádobe v chladničke po dobu až 5 dní alebo v mrazničke po dobu až 2 mesiacov.

Paradajková omáčka, toskánsky štýl

Toskánska omáčka Pomodoro

Pripraví 3 šálky

Soffritto je zmes aromatickej nakrájanej zeleniny, obvykle cibule, mrkvy a zeleru, varená na masle alebo oleji, kým nezmäkne a mierne zhnedne. Je aromatickým základom mnohých omáčok, polievok a dusených pokrmov a základnou technikou talianskej kuchyne. Mnoho talianskych kuchárov dáva všetky ingrediencie na soffritto dohromady do studenej panvice a potom zapína oheň. Takto sa všetky ingrediencie uvaria domäkka a nič sa príliš nezhnedne ani neprevarí. Pri alternatívnom spôsobe najprv zahriať olej a potom pridať nakrájané suroviny, hrozí prehriatie oleja. Zelenina môže zhrednúť, prevariť a zhorknúť. Táto paradajková omáčka v toskánskom štýle začína soffrittom z obvyklej zeleniny a cesnakom vareným v olivovom oleji.

4 lyžice olivového oleja

1 stredná cibuľa, jemne nakrájaná

1 1/2 šálky nakrájanej mrkvy

1 1/4 šálky nakrájaného zeleru

1 malý strúčik cesnaku, nasekaný

3 libry čerstvých zrelých slivkových paradajok, olúpaných, zbavených semienok a nakrájaných najemno, alebo 1 plechovka (28 uncí) dovezených talianskych lúpaných paradajok so šťavou, prešla mlynčekom na potraviny

1 1/2 hrnčeka kuracieho vývaru

štipka mletej červenej papriky

Soľ

2 alebo 3 lístky bazalky, nakrájané

1. Nalejte olej do strednej panvice. Pridajte cibuľu, mrkvu, zeler a cesnak. Varte na strednom plameni za občasného miešania, kým zelenina nezmäkne a nezezlátne, asi 15 minút.

dva. Pridajte paradajky, vývar, červenú papriku a soľ podľa chuti. Priveďte do varu. Panvicu čiastočne zakryte a varte na miernom ohni za občasného miešania, kým nezhustne, asi 30 minút.

3. Pridajte bazalku. Podávajte horúce. Môže byť vyrobený vopred a skladovaný v tesne uzavretej nádobe v chladničke po dobu až 5 dní alebo v mrazničke po dobu až 2 mesiacov.

Omáčka na pizzu

Omáčka na pizzu

Vyrobí asi 2 1/2 šálky

Neapolci používajú túto chutnú omáčku na varenie malých steakov alebo kotliet (pozri Mäso), alebo podávané cez špagety. Na pizzu sa však všeobecne nepoužíva, pretože extrémne teplo neapolských pecí na pizzu vykurovaných drevom by prevarilo už uvarenú omáčku. Svoje meno získala podľa paradajok, cesnaku a oregana, rovnakých ingrediencií, ktoré výrobca pizze bežne používa na pizzu.

Cesnak nasekajte najemno, takže v omáčke nezostanú žiadne veľké kúsky.

2 veľké strúčiky cesnaku, jemne nasekané

1 1/4 šálky olivového oleja

štipka mletej červenej papriky

1 plechovka (28 uncí) dovezené talianske lúpané paradajky so šťavou, nakrájané

1 lyžička sušeného oregana, rozdrobeného

Soľ

1. Vo veľkej panvici opečte cesnak na oleji na strednom plameni do zlatista, asi 2 minúty. Pridajte drvenú červenú papriku.

dva. Pridajte paradajky, oregano a soľ podľa chuti. Omáčku priveďte do varu. Varte za občasného miešania 20 minút alebo kým omáčka nezhustne. Podávajte horúce. Môže byť vyrobený vopred a skladovaný v tesne uzavretej nádobe v chladničke po dobu až 5 dní alebo v mrazničke po dobu až 2 mesiacov.

"falošná" mäsová omáčka

Dobre Shugo

Vyrobí asi 6 šálok

Sugo finto znamená „falošná omáčka", zvláštny názov pre takú lahodnú a užitočnú omáčku, ktorá sa podľa môjho priateľa Larsa Leichta často používa v strednom Taliansku. Tento recept pochádza od jej tety, ktorá žije mimo Ríma. Je taký plný chuti, že by ste sa mohli zmiasť, aby ste si mysleli, že v ňom bolo nejaké mäso. Omáčka je ideálna pre chvíle, kedy chcete niečo zložitejšie ako jednoduchú paradajkovú omáčku, ale nechcete pridať mäso. Tento recept robí veľa, ale môžete ho ľahko rozpoliť, pokiaľ chcete.

1 1/4 šálky olivového oleja

1 stredne žltá cibuľa, nakrájaná nadrobno

2 malé mrkvy, olúpané a nakrájané nadrobno

2 strúčiky cesnaku jemne nasekané

4 lístky čerstvej bazalky, nakrájané

1 malá sušená chilli papričkа, drvená alebo štipka drvenej červenej papriky

1 šálka suchého bieleho vína

2 plechovky (každá 28 až 35 uncí) dovezené talianske lúpané paradajky so šťavou alebo 6 libier čerstvých slivkových paradajok, olúpaných, zbavených semienok a nakrájaných

1. Vo veľkom hrnci zmiešajte olej, cibuľu, mrkvu, cesnak, bazalku a chilli. Varte na strednom plameni za občasného miešania, kým zelenina nezmäkne a nezezlátne, asi 10 minút.

dva. Pridajte víno a priveďte do varu. Varte 1 minútu.

3. Paradajky dajte cez mlynček na jedlo do hrnca alebo na kašu v mixéri alebo kuchynskom robote. Priveďte do varu a znížte teplotu. Dochutíme soľou. Varte za občasného miešania 30 minút alebo kým omáčka nezhustne. Podávajte horúce. Môže byť vyrobený vopred a skladovaný v tesne uzavretej nádobe v chladničke po dobu až 5 dní alebo v mrazničke po dobu až 2 mesiacov.

Ružová omáčka

Omáčka di Pomodoro alla Panna

Vyrobí asi 3 šálky

Ťažká smotana zjemní túto krásnu ružovú omáčku. Podávajte so zelenými ravioli alebo haluškami.

1 1/4 šálky nesoleného masla

1 1/4 šálky nakrájané čerstvé šalotky

3 libry čerstvých paradajok, olúpaných, zbavených semienok a nakrájaných, alebo 1 plechovka (28 uncí) dovezených talianskych lúpaných paradajok so šťavou

Soľ a čerstvo mleté čierne korenie

1 1/2 šálky hustej smotany

1. Vo veľkom hrnci rozpustite maslo na stredne miernom ohni. Pridajte šalotku a varte do zlatista, asi 3 minúty. Pridajte paradajky, soľ a korenie a za stáleho miešania varte, kým sa omáčka nerozvarí. Ak používate paradajky z konzervy, nakrájajte ich lyžicou. Varte za občasného miešania, kým

omáčka mierne nezhustne, asi 20 minút. Necháme mierne vychladnúť.

dva. Zmes paradajok pretiahnite mlynčekom na potraviny. Vráťte omáčku do hrnca a zahrievajte na strednom plameni. Pridajte smotanu a varte 1 minútu alebo do mierneho zhustnutia. Podávajte horúce.

Paradajková omáčka s cibuľou

Pomodoro omáčka s cipollou

Vyrobí 2 1/2 šálok

Prírodný cukor z cibule dopĺňa sladkosť masla v tejto omáčke. Táto omáčka sa tiež dobre robí so šalotkou namiesto cibule.

3 lyžice nesoleného masla

1 lyžica olivového oleja

1 malá cibuľa, veľmi jemne nakrájaná

3 libry slivkových paradajok, olúpaných, zbavených semienok a nakrájaných, alebo 1 plechovka (28 uncí) dovezených talianskych lúpaných paradajok so šťavou, mletá

Soľ a čerstvo mleté čierne korenie podľa chuti.

1. V stredne ťažkom hrnci rozpustite na strednom plameni maslo s olejom. Pridajte cibuľu a varte za stáleho miešania raz alebo dvakrát, kým cibuľa nezmäkne a nezezlátne, asi 7 minút.

dva. Pridajte paradajky a soľ a korenie. Omáčku priveďte do varu a varte 20 minút alebo do zhustnutia.

omáčka z pečených paradajok

Pomodoro omáčka Arrostito

Vystačí na 1 libru cestovín

Týmto spôsobom je možné variť aj menej ako dokonalé čerstvé paradajky. Môžete použiť len jednu odrodu paradajok alebo niekoľko druhov. Zvlášť pekná je kombinácia červených a žltých paradajok. Z byliniek sú jasnou voľbou bazalka alebo petržlen, ale môžete tiež použiť zmes, ktorá obsahuje pažítku, rozmarín, mätu alebo čokoľvek, čo máte po ruke.

Rád grilujem vopred, potom omáčku pri izbovej teplote zmiešam s horúcimi cestovinami, ako sú penne alebo fusilli. Moja kamarátka Suzie O'Rourke mi hovorí, že jej obľúbený spôsob podávania je ako predjedlo natreté na plátky toastového talianskeho chleba.

2 1/2 libry okrúhle, slivkové, cherry alebo hroznové paradajky

4 strúčiky cesnaku, jemne nasekané

Soľ

štipka mletej červenej papriky

1 1/2 šálky olivového oleja

1 1/2 šálky nasekanej čerstvej bazalky, petržlenovej vňate alebo iných byliniek

1. Umiestnite rošt do stredu rúry. Predhrejte rúru na 400°F. Vymažte nereaktívny pekáč s rozmermi 13 × 9 × 2 palce.

dva. Okrúhle alebo slivkové paradajky nakrájajte nahrubo na 1/2palcové kúsky. Cherry alebo hroznové paradajky nakrájajte na polovice alebo štvrtky.

3. Rozložte paradajky v panvici. Posypeme cesnakom, soľou a drvenou červenou paprikou. Pokvapkajte olejom a jemne premiešajte.

Štyri. Grilujte 30 až 45 minút alebo kým paradajky ľahko nezhnednú. Vyberte paradajky z rúry a pridajte bylinky. Podávajte horúce alebo pri izbovej teplote.

Ragú v štýle Abruzzo

Ragů Abruzzese

Vyrobí asi 7 šálok

Zelenina pre toto ragu sa nechá celá a časť mäsa sa varí s kosťou. Na konci doby varenia sa zelenina a voľné kosti odstránia. Zvyčajne sa mäso vyberie z omáčky a podáva sa ako druhý chod. Podávajte túto omáčku s hustými tvarmi cestovín ako rigatoni.

3 lyžice olivového oleja

1 libra bravčové pliecko s niekoľkými kosťami, nakrájaná na 2-palcové kúsky

1 libra vykosteného jahňacieho krku alebo pliecka, nakrájaná na 2-palcové kúsky

1 libra vykosteného hovädzieho duseného mäsa, nakrájaného na 1-palcové kúsky

1 1/2 šálky suchého červeného vína

2 lyžice paradajkového pretlaku

4 libry čerstvých paradajok, olúpaných, zbavených semienok a nakrájaných, alebo 2 plechovky (28 uncí) dovezených talianskych lúpaných paradajok so šťavou, prešli mlynom na potraviny

2 šálky vody

Soľ a čerstvo mleté čierne korenie

1 stredná cibuľa

1 plátok zeleru

1 stredná mrkva

1. Vo veľkom ťažkom hrnci rozohrejte olej na strednom plameni. Pridajte mäso a za občasného miešania varte, kým ľahko nezhnedne.

dva. Pridajte víno a varte, kým sa väčšina tekutiny neodparí. Pridajte paradajkovú pastu. Pridajte paradajky, vodu, soľ a korenie podľa chuti.

3. Pridajte zeleninu a varte na miernom ohni. Hrniec zakryte a za občasného miešania varte, kým mäso nie je veľmi mäkké, asi 3 hodiny. Pokiaľ sa vám omáčka zdá riedka, odkryjeme a varíme, kým sa mierne nezredukuje.

Štyri. Necháme vychladnúť. Odstráňte voľné kosti a zeleninu.

5.Pred podávaním zahrejte alebo zakryte a uchovávajte v chladničke po dobu až 3 dní alebo v mrazničke po dobu až 3 mesiacov.

Neapolské ragú

Ragú alla neapolskej

Vyrobí asi 8 šálok

Toto šťavnaté ragu, vyrobené z rôznych kusov hovädzieho a bravčového mäsa, je to, čo mnoho Talianov-Američania nazýva „omáčka", pripravené na nedeľný obed alebo večeru na poludnie. Je ideálny na miešanie s podstatnými formami cestovín, ako sú škrupiny alebo rigatoni, a na použitie v pečených cestovinových pokrmoch, ako sú napr.<u>neapolské lasagne</u>.

Mäsové guličky sa pridávajú do omáčky ku koncu doby varenia, takže ich môžete pripravovať, zatiaľ čo sa omáčka varí.

2 lyžice olivového oleja

1 libra mäsité bravčové krkovičky alebo bravčové rebrá

1 libra hovädzieho mäsa v jednom kuse

1 libra bravčovej klobásy talianskeho alebo feniklového typu

4 strúčiky cesnaku, ľahko nasekané

1 1/4 šálky paradajkovej pasty

3 plechovky (28 až 35 uncí) dovezené talianske lúpané paradajky

Soľ a čerstvo mleté čierne korenie podľa chuti.

6 lístkov čerstvej bazalky, nakrájanej na malé kúsky

1 receptNeapolské mäsové guličky, najväčšia veľkosť

2 šálky vody

1. Vo veľkom ťažkom hrnci rozohrejte olej na strednom plameni. Bravčové mäso osušíme a kúsky vložíme do hrnca. Varte za občasného obracania asi 15 minút alebo do zhnednutia zo všetkých strán. Vyberte bravčové mäso na tanier. Mäso opražíme rovnakým spôsobom a vyberieme z hrnca.

dva. Vložte klobásy do hrnca a opečte zo všetkých strán. Párky oddeľte od ostatných más.

3. Vypustite väčšinu tuku. Pridajte cesnak a varte 2 minúty alebo dozlatista. Vyhoďte cesnak. Pridajte paradajkovú pastu; varíme 1 minútu.

Štyri. Pomocou potravinárskeho mlynčeka roztlačte paradajky a šťavu z nich v hrnci. Alebo pre hustejšiu omáčku stačí paradajky nakrájať. Pridajte 2 šálky vody a soľ a korenie. Pridajte bravčové mäso, hovädzie mäso, klobásu a bazalku. Omáčku priveďte do varu. Hrniec čiastočne zakryte a varte na miernom ohni za občasného miešania 2 hodiny. Pokiaľ je omáčka príliš hustá, pridajte ešte trochu vody.

5. Medzitým si pripravte mäsové guličky. Keď je omáčka takmer hotová, pridajte do omáčky mäsové guličky. Varte 30 minút, alebo pokiaľ nie je omáčka hustá a mäso veľmi mäkké. Vyberte mäso z omáčky a podávajte ako hlavný chod alebo samostatné jedlo. Omáčku podávajte horúcu. Zakryte a uchovávajte vo vzduchotesnej nádobe v chladničke po dobu až 3 dní alebo v mrazničke po dobu až 2 mesiacov.

klobásové ragú

Ragú di Salsiccia

Vyrobí 4 1/2 šálok

Túto juhotaliansku omáčku zdobia malé kúsky bravčového mäsa na taliansky spôsob. Pokiaľ máte radi pikantné, použite horúcu klobásu. Podávajte túto omáčku<u>zemiakové tortelli</u>alebo cestoviny s kúskami, ako sú mušle alebo rigatoni.

1 libra obyčajné talianske bravčové klobásy

2 lyžice olivového oleja

2 strúčiky cesnaku jemne nasekané

1 1/2 šálky suchého bieleho vína

3 libry čerstvých slivkových paradajok, olúpaných, zbavených semienok a nakrájaných, alebo 1 plechovka (28 uncí) dovezených talianskych lúpaných paradajok so šťavou, prešla mlynčekom na potraviny

Soľ a čerstvo mleté čierne korenie

3 až 4 lístky čerstvej bazalky nakrájanej na kúsky

1.Vyberte klobásu zo čriev ok. Mäso nakrájame nadrobno.

dva. Vo veľkom hrnci rozohrejte olej na strednom plameni. Pridajte mäso chorizo a cesnak. Varte za častého miešania, kým bravčové mäso ľahko nezhnedne, asi 10 minút. Pridajte víno a priveďte do varu. Varte, kým sa väčšina vína neodparí.

3.Pridajte paradajky a soľ podľa chuti. Priveďte do varu. Znížte teplo na minimum. Varte za občasného miešania, kým omáčka nezhustne, asi 1 hodinu a 30 minút. Bazalku pridajte až tesne pred podávaním. Podávajte horúce. Môže byť vyrobený vopred a skladovaný v tesne uzavretej nádobe v chladničke po dobu až 3 dní alebo v mrazničke po dobu až 2 mesiacov.

Ragú v marcovom štýle

Ragú di Carne alla Marchigiana

Vyrobí asi 5 šálok

Mestečko Campofilone na brehoch stredného Talianska každoročne hostí festival cestovín, ktorý priťahuje návštevníkov z ďaleka. Vrcholom hostiny sú maccheroncini, ručne rolované vaječné rezance podávané s touto pikantnou mäsovou omáčkou. Zmes byliniek a štipka klinčekov dodáva tomuto ragu zvláštnu chuť. Trocha mlieka pridaného na konci doby varenia zaistí hladký záver. Pokiaľ túto omáčku pripravujete vopred, pridajte mlieko tesne pred podávaním. Podávajte s fettuccine.

1 domáci hrnčekMäsový vývaralebo hovädzie vývar z obchodu

1 1/4 šálky olivového oleja

1 malá cibuľa nakrájaná nadrobno

1 nakrájané zelerové rebro

1 nakrájaná mrkva

1 lyžica nasekanej čerstvej petržlenovej vňate

2 lyžičky nasekaného čerstvého rozmarínu

1 lyžička nasekaného čerstvého tymiánu

1 bobkový list

1 libra vykosteného hovädzieho ribeya, nakrájaného na 2-palcové kúsky

1 plechovka (28 uncí) dovezené talianske lúpané paradajky, scedené a prešlé potravinárskym mlynom

štipka mletého klinčeka

Soľ a čerstvo mleté čierne korenie

1 1/2 šálky mlieka

1. V prípade potreby pripravte vývar. Nalejte olej do veľkého hrnca. Pridajte zeleninu a bylinky a varte na strednom plameni za občasného miešania 15 minút alebo kým zelenina nezmäkne a nezozlátne.

dva. Pridajte mäso a za častého miešania varte, kým mäso nezhnedne. Posypte soľou a korením. Pridajte paradajkový pretlak, vývar a klinčeky. Priveďte do varu. Panvicu čiastočne zakryte a za občasného miešania varte, kým nie je mäso mäkké a omáčka hustá, asi 2 hodiny.

3.Mäso vyberieme, scedíme a nakrájame nadrobno. Mleté mäso vmiešame späť do omáčky.

Štyri. Pred podávaním pridajte mlieko a 5 minút zahrejte. Podávajte horúce. Môže byť vyrobený vopred a skladovaný vo vzduchotesnej nádobe v chladničke po dobu až 3 dní alebo v mrazničke po dobu až 2 mesiacov.

Toskánska mäsová omáčka

Ragú alla Toscana

Pripraví 8 šálok

*Korenie a citrónová kôra dodávajú tomuto hovädziemu a bravčovému ragú sladkú chuť. Podávajte s*obor.

4 lyžice nesoleného masla

1 1/4 šálky olivového oleja

4 unce dovezeného talianskeho prosciutta, nasekané

2 stredné mrkvy

2 stredné červené cibule

1 veľké zelerové rebro, nakrájané

1 1/4 šálky nasekanej čerstvej petržlenovej vňate

1 libra vykosteného hovädzieho ribeya, nakrájaného na 2-palcové kúsky

8 uncí sladkej talianskej klobásy alebo mletého bravčového mäsa

2 libry čerstvých paradajok alebo 1 plechovka (28 uncí) dovezených talianskych lúpaných paradajok, nakrájaných

2 domáce hrnčekyMäsový vývaralebo hovädzie vývar z obchodu

1 1/2 šálky suchého červeného vína

1 1/2 lyžičky citrónovej kôry

štipka škorice

štipka muškátového orieška

Soľ a čerstvo mleté čierne korenie podľa chuti.

1. Vo veľkom hrnci rozpustite na strednom plameni maslo s olivovým olejom. Pridajte prosciutto a nakrájanú zeleninu a za častého miešania varte 15 minút.

dva. Pridajte mäso a za častého miešania varte do zhnednutia, asi 20 minút.

3. Pridajte paradajky, vývar, víno, citrónovú kôru, škoricu, muškátový oriešok a podľa chuti soľ a korenie. Zmes priveďte do varu. Varte za občasného miešania, kým omáčka nezhustne, asi 2 hodiny.

Štyri. Vyberte kúsky mäsa z hrnca. Položte ich na doštičku a nakrájajte na malé kúsky. Do omáčky pridáme mleté mäso. Podávajte horúce. Môže byť vyrobený vopred a skladovaný vo vzduchotesnej nádobe v chladničke po dobu až 3 dní alebo v mrazničke po dobu až 2 mesiacov.

Ragu Bologna

bolonské ragú

Vyrobí asi 5 šálok

V Tamburini, najlepšej bolonskej predajni so sebou a gurmánskym jedlom, si môžete kúpiť mnoho druhov čerstvých vaječných cestovín. Najznámejšie sú tortellini, krúžky cestovín o veľkosti niklu plnené bolonskou, jemne korenenou bravčovou klobásou. Tortellini sa podávajú en brodo, „vývar", alla panna, v ťažkej smotanovej omáčke alebo najlepšie al ragú s bohatou mäsovou omáčkou. Dlhé pomalé varenie soffritta (aromatická zelenina a pancetta) dáva ragu na bolonský spôsob hlbokú a bohatú chuť.

2 domáce hrnčekyMäsový vývaralebo hovädzie vývar z obchodu

2 lyžice nesoleného masla

2 lyžice olivového oleja

2 unce jemne nakrájané pancetty

2 malé mrkvy, olúpané a nakrájané nadrobno

1 cibuľa nakrájaná nadrobno

1 detský zeler, nakrájaný nadrobno

8 uncí mletého hovädzieho mäsa

8 uncí mletého bravčového mäsa

8 uncí mletého hovädzieho mäsa

1 1/2 šálky suchého červeného vína

3 lyžice paradajkového pretlaku

1/4 lyžičky strúhaného muškátového oriešku

Soľ a čerstvo mleté čierne korenie

1 šálka mlieka

1. V prípade potreby pripravte vývar. Vo veľkom hrnci rozpustite maslo s olejom na stredne miernom ohni. Pridajte pancettu, mrkvu, cibuľu a zeler. Zmes varte na miernom ohni za občasného miešania, pokiaľ nie sú všetky chute veľmi jemné a tmavo zlaté farby, asi 30 minút. Pokiaľ suroviny začnú príliš hnednúť, pridajte trochu teplej vody.

dva. Pridajte mäso a dobre premiešajte. Varte za častého miešania, aby sa rozlomili hrudky, pokiaľ mäso nebude ružové, ale ani hnedé, asi 15 minút.

3. Pridajte víno a varte, kým sa tekutina nevyparí, asi 2 minúty. Pridajte paradajkový pretlak, vývar, muškátový oriešok a podľa chuti dosoľte a okoreňte. Zmes priveďte do varu. Varte na miernom ohni za občasného miešania, kým omáčka nezhustne, asi 21/2 až 3 hodiny. Pokiaľ je omáčka príliš hustá, pridajte ešte trochu vývaru alebo vody.

Štyri. Pridajte mlieko a varte ďalších 15 minút. Podávajte horúce. Môže byť vyrobený vopred a skladovaný vo vzduchotesnej nádobe v chladničke po dobu až 3 dní alebo v mrazničke po dobu až 2 mesiacov.

kačacie ragú

Ragú di Anatra

Vyrobí asi 5 šálok

V lagúnach a močiaroch Benátska sa darí divokým kačicam a miestni kuchári s nimi pripravujú báječné pokrmy. Pražia sa, dusia alebo sa takto pripravujú v ragu. Bohatá, gamy omáčka sa jej s bigoli, hustými celozrnnými špagetami pripravenými s torchiom, ručne zalomeným lisom na cestoviny. Čerstvé domáce kačice, aj keď nie sú také chutné ako divoká odroda, sú dobrou náhradou. Omáčku s fettuccine a kúskami kačice podávam ako druhý chod.

Nechajte mäsiara nakrájať kačicu na štvrťky, alebo to urobte sami nožnicami na hydinu alebo veľkým kuchárskym nožom. Pokiaľ ju radšej nepoužívate, pečeň jednoducho vynechajte.

1 káčatko (asi 5 1/2 libry)

2 lyžice olivového oleja

Soľ a čerstvo mleté čierne korenie podľa chuti.

2 unce nakrájané pancetty

2 stredné cibule, nakrájané

2 stredné mrkvy, nakrájané

2 nakrájané zelerové rebrá

6 čerstvých lístkov šalvie

Štipka čerstvo nastrúhaného muškátového orieška

1 šálka suchého bieleho vína

2 1/2 šálok čerstvých paradajok, olúpaných, zbavených semienok a nakrájaných

1. Opláchnite kačicu zvnútra aj zvonku az dutiny odstráňte všetok uvoľnený tuk. Nožnicami na hydinu kačicu nakrájame na 8 kusov. Najprv kačicu narežte pozdĺž chrbtice. Otvorte kačicu ako knihu. Silným nožom kačicu rozpolíme pozdĺžne medzi dvoma stranami pŕs. Odrežte stehno od hrudníka. Oddeľte nohu a stehno v kĺbe. Oddeľte krídlo a hrudník v spoji. Ak používate pečeň, nakrájajte ich na kocky a dajte bokom.

dva. Vo veľkom ťažkom hrnci rozohrejte olej na strednom plameni. Kúsky kačice osušte papierovými utierkami. Pridajte kúsky kačice a za občasného miešania opekajte zo všetkých strán dohneda. Posypte soľou a korením. Umiestnite kačicu do misky. Odrežte všetko okrem 2 polievkových lyžíc tuku.

3.Do panvice pridajte pancettu, cibuľu, mrkvu, zeler a šalviu. Varte 10 minút za občasného miešania, kým zelenina nezmäkne a nezezlátne. Pridajte víno a varte 1 minútu.

Štyri. Vráťte kačicu do hrnca a pridajte paradajky a vodu. Tekutinu priveďte do varu. Hrniec čiastočne prikryjeme a varíme za občasného miešania 2 hodiny, alebo kým kačica po prepichnutí vidličkou nezmäkne. Pridajte kačacie pečeň, ak používate. Odstráňte panvicu z tepla. Necháme mierne vychladnúť a potom zložíme z povrchu tuk. Z omáčky vyberte kúsky mäsa dierovanou lyžicou a preložte do servírovacej misky. Prikryte, aby zostali teplé.

5.Omáčku podávajte s vareným fettuccine a ako druhý chod kačacie mäso. Celé jedlo je možné variť až 2 dni vopred, skladovať vo vzduchotesnej nádobe a chladiť.

Králičie alebo kuracie ragú

Ragú di Coniglio alebo kura

Pripraví 3 šálky

Na veľkonočnú večeru sa u nás tradične začínalo cestovinami v králičom ragu. Pre tých v rodine, ktorí sa zdráhajú jesť králika, pripravila moja matka rovnakú omáčku s kuracím mäsom. Vzhľadom na mäkkosť králičieho mäsa mi vždy prišlo kuracie ragú oveľa chutnejšie. Nechajte mäsiara naporciovať vášho králika alebo kura.

1 malý králik alebo kura, nakrájaný na 8 kusov

2 lyžice olivového oleja

1 plechovka (28 uncí) dovezené talianske lúpané paradajky so šťavou, nakrájané

1 stredná cibuľa, jemne nakrájaná

1 stredná mrkva, jemne nakrájaná

1 strúčik cesnaku nasekaný nadrobno

1 1/2 šálky suchého bieleho vína

1 lyžička nasekaného čerstvého rozmarínu

Soľ a čerstvo mleté čierne korenie

1. Vo veľkej panvici rozohrejte olej na strednom plameni. Kúsky králika alebo kurčaťa osušte a posypte soľou a korením. Vložte ich do panvice a zo všetkých strán dobre opečte, asi 20 minút.

dva. Odoberte kúsky na tanier. Nalejte všetok tuk okrem dvoch lyžíc z panvice.

3. Na panvicu pridajte cibuľu, mrkvu, cesnak a rozmarín. Varte za častého miešania, kým zelenina nezmäkne a ľahko zhnedne. Pridajte víno a varte 1 minútu. Paradajky s ich šťavou nechajte prejsť mlynčekom na jedlo alebo ich rozmixujte na pyré v mixéri alebo kuchynskom robote a pridajte ich do hrnca. Podľa chuti osolíme a okoreníme. Znížte teplotu na minimum a panvicu čiastočne zakryte. Varte na miernom ohni 15 minút za občasného miešania.

Štyri. Vráťte mäso na panvicu. Varte 20 minút za občasného miešania, kým mäso nezmäkne a ľahko odpadne od kosti. Z omáčky vyberte kúsky mäsa dierovanou lyžicou a preložte do servírovacej misky. Prikryte, aby zostali teplé.

5. Omáčku podávajte na horúcom, varenom fettuccine, nasledovanom králikom alebo kuracím mäsom ako druhým chodom. Môže byť vyrobený vopred a skladovaný vo vzduchotesnej nádobe v chladničke po dobu až 3 dní alebo v mrazničke po dobu až 2 mesiacov.

Porcini a mäso Ragu

Ragů di huby a mäso

Vyrobí asi 6 šálok

Hoci o veľkých bielych hľuzovkách z Piemontu bolo napísaných mnoho, hríbiky, ktoré Francúzi nazývajú cèpes, sú veľkým pokladom regiónu. Hojné po daždi, hrubé hnedé klobúky hríbikov sú podoprené krátkymi, krémovo bielymi stonkami, ktoré im dodávajú baculatý vzhľad. Jeho meno znamená malé prasiatka. Grilované alebo pečené s olivovým olejom a bylinkami, huby chutia sladko a orieškovo. Pretože čerstvé hríbiky sú k dispozícii iba na jar a na jeseň, kuchári v tejto oblasti spoliehajú po zvyšok roka na sušené hríbiky, ktoré dodajú omáčkam a duseným pokrmom bohatú, drevitú chuť.

Sušené hríbiky sa obvykle predávajú v priehľadných plastových alebo celofánových obaloch. Hľadajte veľké celé plátky s minimom omrviniek a nečistôt na dne vrecka. Dátum „vypršania platnosti" musí byť do jedného roka. Chuť vybledne, ako huby starnú. Ususené hríbiky skladujte v tesne uzavretej nádobe.

11/2 šálok domáciMäsový vývar_alebo hovädzie vývar z obchodu

1 unca sušených hríbikov

2 šálky teplej vody

2 lyžice olivového oleja

2 unce nakrájané pancetty

1 nakrájaná mrkva

1 stredná cibuľa nakrájaná

1 nakrájané zelerové rebro

1 strúčik cesnaku, veľmi jemne nasekaný

1 1/2 libry mletého hovädzieho mäsa

1 1/2 šálky suchého bieleho vína

Soľ a čerstvo mleté čierne korenie

1 šálka čerstvých alebo konzervovaných dovezených talianskych paradajok, nakrájaných

1/4 čajové lyžičky čerstvo nastrúhaného muškátového orieška

1. V prípade potreby pripravte vývar. V strednej miske namočte huby na 30 minút do vody. Vyberte huby z namáčacej kvapaliny. Tekutinu preceďte cez navlhčený papierový kávový filter alebo kúsok gázoviny do čistej nádoby a dajte bokom. Opláchnite huby pod tečúcou vodou a venujte zvláštnu pozornosť základni, kde sa zhromažďujú nečistoty. Huby nakrájame nadrobno.

dva. Nalejte olej do veľkého hrnca. Pridajte pancettu a varte na strednom plameni asi 5 minút. Pridajte mrkvu, cibuľu, zeler a cesnak a varte za častého miešania, kým nezmäknú a nezezlátnu, ešte asi 10 minút. Pridajte hovädzie mäso a varte, kým ľahko nezhnedne, za častého miešania, aby sa rozlomili hrudky. Pridajte víno a varte 1 minútu. Dochutíme soľou a korením.

3. Pridajte paradajky, huby, muškátový oriešok a rezervovanú hubovú tekutinu. Priveďte do varu. Varte 1 hodinu alebo kým omáčka nezhustne. Podávajte horúce. Môže byť vyrobený vopred a skladovaný vo vzduchotesnej nádobe v chladničke po dobu až 3 dní alebo v mrazničke po dobu až 2 mesiacov.

Bravčové ragú s čerstvými bylinkami

Ragú di Maiale

Pripraví 6 šálok

V dome Natale Liberale v Puglii sme s manželom jedli toto trocoli mleté bravčové ragu, čerstvé hranaté špagety podobné Abruzzovým cestovinám alla chitarra. Vyrobila ho jej mamička Enza, ktorá mi ukázala, ako krájajú pláty domácich vaječných rezancov špeciálne opracovaným dreveným valčekom. Ragu je tiež dobré s čerstvým orecchiette alebo fettuccine.

Vďaka rozmanitosti byliniek je ragú Enza jedinečné. Varením prehlbujú chuť omáčky. Ideálne sú čerstvé bylinky, ale mrazené alebo sušené bylinky je možné nahradiť, aj keď sa vyhýbam sušenej bazalke, ktorá je odpudivá. Pokiaľ nie je k dispozícii bazalka, nahraďte čerstvou petržlenovou vňaťou.

4 lyžice olivového oleja

1 stredná cibuľa, jemne nakrájaná

1 1/2 šálky nasekanej čerstvej bazalky alebo plocholistej petržlenovej vňate

1/4 šálky nasekaných čerstvých lístkov mäty alebo 1 čajová lyžička sušené

1 lyžica mletej čerstvej šalvie alebo 1 lyžička sušené

1 lyžička mletého čerstvého rozmarínu alebo 1/2 lyžičky sušeného

1 1/2 lyžičky feniklových semienok

1 libra mletého bravčového mäsa

Soľ a čerstvo mleté čierne korenie

1 1/2 šálky suchého červeného vína

1 plechovka (28 uncí) dovezené talianske lúpané paradajky so šťavou, nakrájané

1. Do veľkého hrnca dajte olej, cibuľu, všetky bylinky a semienka feniklu a stiahnite oheň na strednú. Varte za občasného miešania, kým cibuľa nezmäkne a nezzlátne, asi 10 minút.

dva. Pridajte bravčové mäso, potom osoľte a okoreňte podľa chuti. Varte za častého miešania, aby sa rozlomili hrudky, kým nebude bravčové mäso ružové, asi 10 minút. Pridajte víno a na miernom ohni varte 5 minút. Pridajte paradajky a varte 1 hodinu alebo kým omáčka nezhustne. Podávajte horúce. Môže byť vyrobený vopred a skladovaný vo vzduchotesnej nádobe v chladničke po dobu až 3 dní alebo v mrazničke po dobu až 2 mesiacov.

Ragú s hľuzovkovým mäsom

Ragú Tartufato

Pripraví 5 šálok

V Umbrii sa čierne hľuzovky pestované v regióne pridávajú do ragu na konci doby varenia. Dodávajú omáčke zvláštnu drevitú chuť.

Hľuzovku môžete vynechať alebo použiť zavarenú hľuzovku, ktorá je v predaji v špecializovaných obchodoch. Ďalšou alternatívou je použiť trochu hľuzovkového oleja. Použite len malé množstvo, pretože chuť môže byť ohromujúca. Túto omáčku podávajte s čerstvým fettuccine. Omáčka je tak sýta, že nie je potrebný žiadny strúhaný syr.

1 unca sušených hríbikov

2 šálky horúcej vody

2 lyžice nesoleného masla

8 uncí mletého bravčového mäsa

8 uncí mletého hovädzieho mäsa

2 unce nakrájané pancetty, jemne nasekané

1 rebrový zeler, nakrájaný na polovicu

1 stredná mrkva, nakrájaná na polovicu

1 malá cibuľa, olúpaná, ale ponechaná vcelku

2 stredne čerstvé paradajky, olúpané, zbavené semienok a nakrájané, alebo 1 šálka dovezených talianskych konzervovaných paradajok, odkvapkaných a nakrájaných

1 lyžica paradajkového pretlaku

1 1/4 šálky hustej smotany

1 malý čierny hľuzovka, čerstvý alebo zavarený, nakrájaný na tenké plátky alebo niekoľko kvapiek hľuzového oleja

Štipka čerstvo nastrúhaného muškátového oriešku

1. Huby dajte do misky s vodou. Nechajte namočiť 30 minút. Vyberte huby z tekutiny. Tekutinu preceďte cez navlhčený kávový filter alebo gázu do čistej nádoby a dajte bokom. Huby dobre umyte pod studenou vodou a venujte zvláštnu

pozornosť spodnej časti stoniek, kde sa zhromažďuje pôda. Huby nakrájame nadrobno.

dva. Vo veľkom hrnci rozpustite na strednom plameni maslo. Pridajte mäso a varte za stáleho miešania, aby sa rozlomili hrudky, kým mäso nie je ružové, ale ani hnedé. Musí zostať hladká.

3. Pridajte víno a varte 1 minútu. Pridajte zeler, mrkvu, cibuľu a huby a 1 šálku ich tekutiny, paradajky a paradajkový pretlak a dobre premiešajte. Nechajte variť na veľmi miernom ohni 1 hodinu. Pokiaľ je omáčka príliš suchá, pridajte trochu tekutiny z húb.

Štyri. Keď sa ragu varí 1 hodinu, vyberte zeler, mrkvu a cibuľu. Až do tohto okamihu je možné omáčku pripraviť vopred. Nechajte vychladnúť, potom skladujte vo vzduchotesnej nádobe a chlaďte až 3 dni alebo skladujte v mrazničke až 2 mesiace. Pred pokračovaním omáčku znovu zahrejte.

5. Tesne pred podávaním pridajte do horúcej omáčky smotanu, hľuzovky a muškátový oriešok. Jemne premiešajte, ale nevarte, aby sa zachovala chuť hľuzoviek. Podávajte horúce.

Maslo a šalviová omáčka

Oslia omáčka a šalvia

Robí 1/2 šálky

Toto je tak základné, že som váhal, či ho zaradiť, ale je to klasická omáčka na cestoviny z čerstvých vajec, najmä plnené cestoviny, ako sú ravioli. Použite čerstvé maslo a hotové jedlo posypte čerstvo nastrúhaným syrom Parmigiano-Reggiano.

1 tyčinka nesoleného masla

6 listov šalvie

Soľ a čerstvo mleté čierne korenie

Parmigiano Reggiano

Na miernom ohni rozpustíme maslo so šalviou. Varte na miernom ohni 1 minútu. Dochutíme soľou a korením. Podávajte s horúcimi varenými cestovinami a posypte syrom Parmigiano-Reggiano.

Variácie: Omáčka z hnedastého masla: Maslo varte niekoľko minút, kým ľahko nezhnedne. Vynechajte šalviu.

Lieskoorieškova omáčka: Pridajte 1/4 šálky nasekaných opražených lieskových orechov do masla. Vynechajte šalviu.

svätý olej

Svätý olej

Vyrobí 1 šálku

Taliani v Toskánsku, Abruzze a ďalších oblastiach stredného Talianska nazývajú tento olej posvätným, pretože sa používa na „pomazanie" mnohých polievok a cestovín, rovnako ako sa požehnaný olej používa v určitých sviatostiach. Tento olej kvapkajte do polievok alebo vmiešajte do cestovín. Pozor, je horúco!

Môžete použiť sušené chilli, ktoré nájdete vo vašom supermarkete. Ak ste na talianskom trhu, hľadajte feferónky alebo „pálivé papričky", ktoré sa predávajú v balíčkoch.

1 lyžica drvených sušených čili papričiek alebo drvené červené papriky

1 šálka extra panenského olivového oleja

V malej sklenenej fľaštičke zmiešajte papriky a olej. Zakryte a dobre pretrepte. Pred použitím nechajte 1 týždeň odstáť.

Skladujte na chladnom a tmavom mieste po dobu až 3 mesiacov.

Syrová omáčka Fontina

fonduta

Robí 1 3/4 šálok

V Locanda di Felicín v Monforte d'Alba v Piemonte podáva majiteľ Giorgio Rocca túto bohatú a lahodnú omáčku v plytkých pokrmoch, preliatu strúhanými hľuzovkami ako predjedlo alebo so zeleninou, ako je brokolica alebo špargľa. Skús to<u>Zemiakové hálušky</u>, taky.

2 veľké žĺtky

1 šálka hustej smotany

1 1/2 libry Fontina Valle d'Aosta, nakrájané na 1/2-palcové kocky

V malej rajnici zmiešame žĺtky a smotanu. Pridajte syr a varte na strednom plameni za stáleho miešania, kým sa syr nerozpustí a omáčka nebude hladká, asi 2 minúty. Podávajte horúce.

Bešamelová omáčka

Balsamella omáčka

Vyrobí asi 4 šálky

Táto základná biela omáčka sa obvykle spáruje so syrom a používa sa na cestoviny alebo pečenú zeleninu. Recept je možné ľahko rozpoliť.

1 liter mlieka

6 lyžíc nesoleného masla

5 lyžíc múky

Soľ a čerstvo mleté čierne korenie podľa chuti.

Štipka čerstvo nastrúhaného muškátového oriešku

1. Zahrejte mlieko v strednom hrnci, kým sa okolo okraja nevytvoria malé bublinky.
dva. Rozpustite maslo vo veľkom hrnci na stredne miernom ohni. Pridajte múku a dobre premiešajte. Varte 2 minúty.

3. Pomaly začnite tenkým pramienkom pridávať mlieko a miešajte drôtenou metličkou. Spočiatku bude omáčka hustá a hrudkovitá, ale postupne sa uvoľní a bude hladká, ako budete pridávať zvyšok.

Štyri. Keď pridáte všetko mlieko, pridajte soľ, korenie a muškátový oriešok. Zvýšte teplotu na strednú a neustále miešajte, kým sa zmes nerozvarí. Varte ešte 2 minúty. Odoberte z ohňa. Túto omáčku je možné pripraviť až 2 dni pred použitím. Nalejte do nádoby, položte kúsok plastového obalu priamo na povrch a tesne uzavrite, aby sa nevytvorila šupka, a potom dajte do chladničky. Pred použitím zohrejte na miernom ohni a pridajte trochu mlieka, pokiaľ je príliš husté.

Cesnaková omáčka

Agliata

Robí 1 1/2 šálok

Cesnakovú omáčku môžeme podávať k vareným alebo grilovaným mäsám, kuraciemu mäsu alebo rybám. Dokonca som ho primiešal do horúcich varených cestovín na rýchle jedlo. Táto verzia je z Piemontu, aj keď som na Sicílii jedol aj agliatu vyrobenú bez orechov. Páči sa mi chuť, ktorú tomu dodávajú pražené orechy.

2 strúčiky cesnaku

2 alebo 3 plátky talianskeho chleba, bez kôrky

1 1/2 šálky pražených vlašských orechov

1 šálka extra panenského olivového oleja

Soľ a čerstvo mleté čierne korenie

1.V kuchynskom robote alebo mixéri zmiešajte cesnak, strúhanku, vlašské orechy a soľ a korenie podľa chuti. Spracovávajte do jemno nasekanej.

dva. Pri bežiacom stroji postupne primiešavajte olej. Spracovávajte, pokiaľ nie je omáčka hustá a hladká.

3.Pred podávaním necháme 1 hodinu stáť pri izbovej teplote.

Zelená omáčka

Zelená omáčka

Robí 1 1/2 šálok

Hoci som salsu verde v tej či onej podobe jedol po celom Taliansku, táto verzia je moja obľúbená, pretože chlieb jej dodáva krémovú textúru a pomáha udržať petržlen suspendovanú v tekutine. Inak má petržlen a ďalšie pevné látky tendenciu klesať ku dnu. Zelenú omáčku podávajte s klasickým pokrmom z vareného mäsa Bollito Misto (<u>Zmiešané varené mäso</u>), s grilovanými alebo pečenými rybami alebo s krájanými paradajkami, natvrdo varenými vajcami alebo dusenou zeleninou. Možnosti sú nekonečné.

3 šálky voľne balené čerstvé plocholisté petržlenové vňate

1 strúčik cesnaku

1/4 šálky talianskeho alebo francúzskeho chleba bez kôrky, na kocky

6 filiet z ančovičiek

3 lyžice scedených kaparov

1 šálka extra panenského olivového oleja

2 lyžice červeného alebo bieleho vínneho octu

Soľ

1.V kuchynskom robote nadrobno nasekajte petržlen a cesnak. Pridajte kocky chleba, ančovičky a kapary a spracujte na drobno.

dva. Pri bežiacom stroji pridajte olej, ocot a štipku soli. Po zmiešaní ochutnajte korenie; upraviť podľa potreby. Zakryte a uchovávajte pri izbovej teplote až dve hodiny alebo v chladničke pre dlhšie skladovanie.

Omáčka zo sicílskeho cesnaku a kapary

ammoghiu

Vyrobí asi 2 šálky

Ostrov Pantelleria pri pobreží Sicílie je známy ako pre svoje aromatické dezertné víno Moscato di Pantelleria, tak aj pre svoje vynikajúce kapary. Kapary prosperujú a rastú divoko po celom ostrove. Na jar sú rastliny pokryté krásnymi ružovými a bielymi kvetmi. Neotvorené puky sú kapary, ktoré sa zberajú a konzervujú v hrubej morskej soli, ďalšej miestnej špecialite. Sicilania veria, že soľ zachováva čerstvú chuť kapar lepšie ako ocot.

Táto surová omáčka z kapar, paradajok a množstva cesnaku je sicílska obľúbená k rybám alebo cestovinám. Jedným zo spôsobov, ako ho podávať, je chrumkavá vyprážaná ryba alebo kalamáre.

8 strúčikov cesnaku, olúpaných

1 šálka bazalkových listov, opláchnutých a sušených

1 1/2 šálky čerstvej petržlenovej vňate

niekoľko listov zeleru

6 čerstvých slivkových paradajok, olúpaných a zbavených semienok

2 lyžice kapar, opláchnuté a odkvapkané

¹1/2 šálky extra panenského olivového oleja

Soľ a čerstvo mleté čierne korenie

1. V kuchynskom robote jemne nasekajte cesnak, bazalku, petržlen a zelerové listy. Pridajte paradajky a kapary a spracujte do hladka.

dva. Pri bežiacom stroji postupne pridávajte olivový olej a podľa chuti soľ a korenie. Spracujte, pokiaľ nebude hladké a dobre premiešané. Pred podávaním nechajte 1 hodinu stáť. Podávajte pri izbovej teplote.

Omáčka z petržlenu a vajec

Omáčka Prezzemolo a Uova

Pripraví 2 šálky

V Trentine – Alto Adige sa táto omáčka podáva s čerstvou jarnou špargľou. Vajcia uvarené natvrdo mu dodávajú bohatú chuť a krémovú textúru. Hodí sa k pošírovanému kuraciemu mäsu, lososu alebo zelenine, ako sú zelené fazuľky a špargľa.

4 veľké vajcia

1 šálka čerstvej plocholistej petržlenovej vňate, ľahko zabalené

2 lyžice kapar, opláchnuté, odkvapkané a nakrájané

1 strúčik cesnaku

1 lyžička citrónovej kôry

1 šálka extra panenského olivového oleja

1 lyžica čerstvej citrónovej šťavy

Soľ a čerstvo mleté čierne korenie

1. Vajcia vložte do malého hrnca so studenou vodou, aby boli pokryté. Priveďte vodu do varu. Varte 12 minút. Vajcia necháme vychladnúť pod tečúcou studenou vodou. Sceďte a olúpte. Nakrájajte vajcia a vložte ich do misy.

dva. V kuchynskom robote alebo ručne nasekajte petržlen, kapary a cesnak nadrobno. Preložte ich do misy s vajcami.

3. Pridajte citrónovú kôru. Pomocou metly pridajte olej, citrónovú šťavu a podľa chuti soľ a korenie. Nalejte do lodičky s omáčkou. Prikryte a chlaďte 1 hodinu alebo cez noc.

Štyri. Vyberte omáčku z chladničky aspoň 1/2 hodiny pred podávaním. Dobre premiešajte a ochuťte korením.

Variácie: Pridajte 1 polievkovú lyžicu nasekanej čerstvej pažítky.

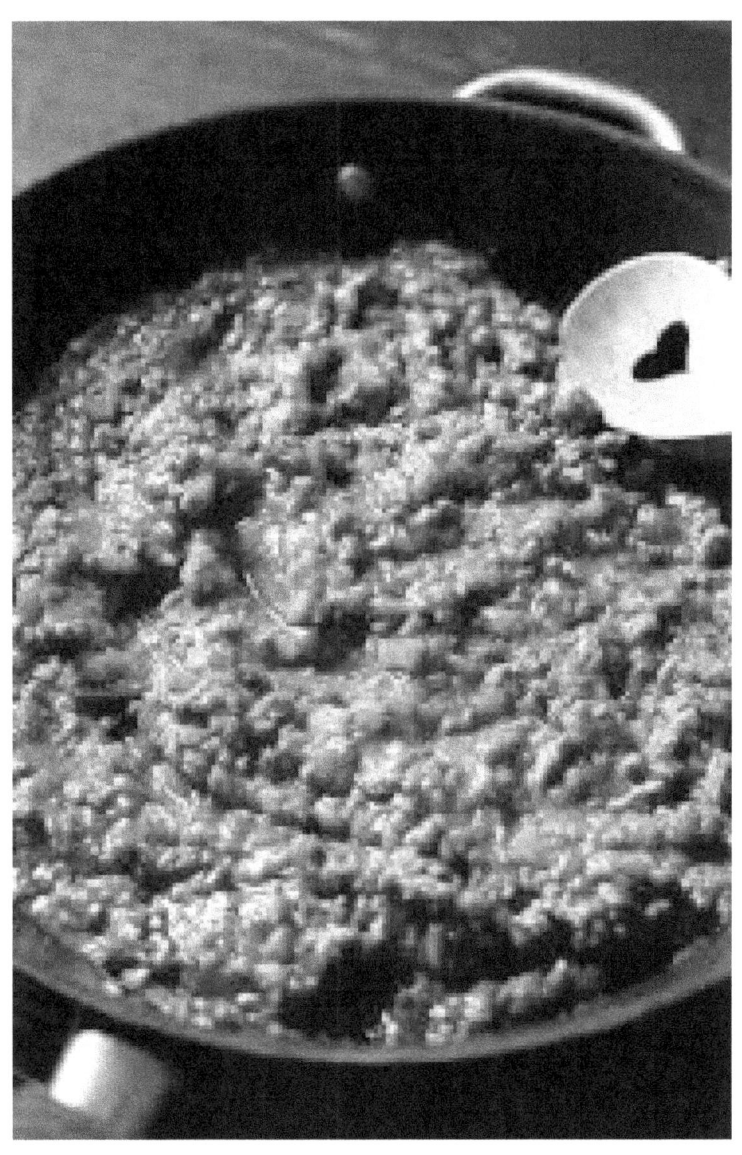

Červená paprika a paradajková omáčka

Bagnetto Rosso

Robí asi 2 pinty

V Piemonte v severnom Taliansku sa táto omáčka vyrába vo veľkých dávkach počas letných mesiacov, keď je dostatok zeleniny. Názov znamená "červený kúpeľ", pretože omáčka sa používa k varenému mäsu alebo s kuracím mäsom, cestovinami, tortillami alebo surovou zeleninou.

4 veľké červené papriky, nakrájané

1 šálka čerstvých paradajok olúpaných, zbavených semienok a nakrájaných

1 stredná cibuľa nakrájaná

2 lyžice olivového oleja

1 lyžica vínneho octu

1 lyžička cukru

štipka mletej červenej papriky

štipka mletej škorice

1. Vo veľkom hrnci zmiešajte všetky ingrediencie. Hrniec prikryjeme a varíme na miernom ohni. Priveďte do varu. (Dávajte pozor, aby ste sa nepripálili. Ak je tekutiny málo, pridajte trochu vody). Varte 1 hodinu za občasného miešania, kým paprika nezmäkne.

dva. Necháme mierne vychladnúť. Suroviny nechajte prejsť mlynčekom na potraviny alebo ich spracujte, kým nebudú hladké v mixéri alebo kuchynskom robote. Chuť na dochutenie. Preneste omáčku do tesne uzavretých nádob a chlaďte až 1 týždeň alebo zmrazte až tri mesiace. Podávajte pri izbovej teplote.

olivová omáčka

Olivová omáčka

Vyrobí asi 1 šálku

Je vhodné mať po ruke zavarenú olivovú pastu pre rýchlu zálievku na crostini alebo túto ľahkú omáčku na grilované mäsa. Môžu byť nahradené jemne nasekanými olivami. Skvele sa hodí k pečenej hovädzej sviečkovej alebo ako omáčka k chlebu či focaccii.

1 1/2 šálky pasty z čiernych olív

1 strúčik cesnaku, olúpaný a sploštený stranou noža

1 lyžica čerstvého rozmarínu nakrájaného na prúžky

1 1/2 šálky extra panenského olivového oleja

1 až 2 lyžice balzamikového octu

V strednej miske zmiešajte olivovú pastu, cesnak, rozmarín, olej a ocot. Pokiaľ je omáčka príliš hustá, zriedime ju trochou oleja. Necháme stáť pri izbovej teplote aspoň 1 hodinu. Pred podávaním cesnak vyberte.

Omáčka zo sušených paradajok

Omáčka Pomodori Secchi

Robí asi 3⁄4 šálky

Touto omáčkou pokvapkajte studený steak, hovädzie pečienka alebo bravčové mäso alebo pre predjedlá klát mäkkého kozieho syra.

1 1/2 šálky sušených paradajok, marinovaných a odkvapkaných, nakrájaných nadrobno

2 lyžice nasekanej čerstvej petržlenovej vňate

1 lyžica nasekaných kapar

1 1/2 šálky extra panenského olivového oleja

1 lyžica balzamikového octu

čerstvo mleté čierne korenie

V strednej miske zmiešajte všetky ingrediencie. Pred podávaním nechajte 1 hodinu stáť pri izbovej teplote.

Podávajte pri izbovej teplote. Uchovávajte vo vzduchotesnej nádobe v chladničke po dobu až 2 dní.

Korenistá omáčka v štýle molise

Korenistá omáčka

Vyrobí asi 1 šálku

Molise je jedným z najmenších a najchudobnejších regiónov v Taliansku, ale jedlo je plné chutí. Vyskúšajte túto feferónkovú omáčku, v dialekte zvanú jevezarola, ako korenie ku grilovanému alebo pečenému mäsu alebo kura. Mám rád aj grilovaného tuniaka. môžete použiť vlastné<u>nakladané papriky</u>alebo odroda zakúpená v obchode. Pokiaľ máte radi pikantné jedlá, pridajte trochu nakladané červené feferónky.

1 šálka nakladanej červenej papriky, odkvapkané

1 stredná cibuľa nakrájaná

1 lyžička cukru

4 lyžice olivového oleja

1.Vložte papriku, cibuľu a cukor do kuchynského robota alebo mixéra. Rozmixujte do hladka. Pridajte olej a dobre premiešajte.

dva. Nalejte zmes do malého, ťažkého hrnca. Varte za častého miešania, kým nezhustne, asi 45 minút. Odstráňte z ohňa a pred podávaním nechajte vychladnúť. Podávajte pri izbovej teplote. Uchovávajte vo vzduchotesnej nádobe v chladničke po dobu až 1 mesiaca.

majonéza z olivového oleja

majonézsky

Vyrobí 1 šálku

Domáca majonéza urobí rozdiel, keď sa podáva jednoducho, napríklad natreté na zrelé paradajky, vajcia natvrdo, pošírovanú rybu, krájané kura alebo sendviče. Na jeho výrobu rád používam extra panenský olivový olej s jemnou príchuťou alebo zmiešam olej s plnou chuťou s rastlinným olejom. Majonézu pripravte ručne drôtenou metlou alebo použite elektrický mixér.

Salmonella v surových vajciach sa v posledných rokoch výrazne znížila, ale pokiaľ máte pochybnosti, môžete ju urobiť rozumnou náhradou vylepšením zaváranej majonézy kvapkami olivového oleja a čerstvou citrónovou šťavou podľa chuti.

2 veľké žĺtky, izbové teploty

2 lyžice čerstvej citrónovej šťavy

1 1/4 lyžičky soli

1 šálka extra panenského olivového oleja alebo 1/2 šálky rastlinného oleja plus 1/2 šálky extra panenského olivového oleja

1. V strednej miske ušľahajte žĺtky, citrónovú šťavu a soľ, kým nebudú svetlo žlté a husté.

dva. Pokračujte v šľahaní a veľmi postupne po kvapkách pridávajte olej, kým zmes nezačne tuhnúť. Ako sa zahusťuje, vmiešajte zostávajúci olej rovnomernejšie a pred pridaním ďalšieho sa uistite, že je absorbovaný. Pokiaľ sa v ktoromkoľvek okamihu olej prestane vsakovať, prestaňte pridávať olej a rýchlo šľahajte, kým nebude omáčka opäť hladká.

3. Ochutnajte a upravte korenie. Ihneď podávajte alebo zakryte a chlaďte až 2 dni.

Variácie: Bylinková majonéza: Pridajte 2 lyžice najemno nasekané čerstvé bazalky alebo petržlenovej vňate. Citrónová majonéza – Pridajte 1/2 lyžičky nastrúhanej čerstvej citrónovej kôry.

Linguine s cesnakom, olejom a feferónkou

Linguine Aglio, Olio a Peperoncino

Vyrobí 4 až 6 porcií

Cesnak, ovocný extra panenský olivový olej, petržlen a pálivá paprika sú jednoduché korenie pre tieto najchutnejšie cestoviny. Nevyhnutnosťou je plne ochutený olivový olej, rovnako ako čerstvý cesnak a petržlen. Cesnak varte pomaly, aby sa olej nasýtil svojou silnou chuťou. Nenechajte cesnak sfarbiť viac ako dozlatista, inak zhorkne a chutí. Niektorí kuchári vynechávajú petržlen, ale ja milujem sviežu chuť, ktorú dodáva.

$1 1/2$ šálky extra panenského olivového oleja

4 až 6 veľkých strúčikov cesnaku, nakrájaných na tenké plátky

$1/2$ lyžičky drvenej červenej papriky

$1/3$ šálky nasekanej čerstvej plochej listovej petržlenovej vňate

Soľ

1 libra linguine alebo špagety

1. Nalejte olej na dostatočne veľkú panvicu, aby sa do nej zmestili uvarené cestoviny. Pridajte cesnak a drvenú červenú papriku. Varte na strednom plameni za častého miešania, kým cesnak nezíska tmavo zlatistú farbu, asi 4 až 5 minút. Pridajte petržlen a vypnite oheň.

dva. Priveďte do varu aspoň 4 litre studenej vody. Pridajte 2 polievkové lyžice soli, potom cestoviny a zatlačte ich dole, kým nebudú cestoviny úplne pokryté vodou. Varte na vysokom ohni za častého miešania, kým nie sú cestoviny al dente, krehké, ale pevné na uhryznutie. Rezervujte si trochu vody na varenie. Sceďte cestoviny a pridajte ich do panvice s omáčkou.

3. Varte na strednom plameni a miešajte, pokiaľ nie sú cestoviny dobre potiahnuté omáčkou. Pokiaľ sa vám cestoviny zdajú suché, pridajte trochu vody na varenie. Ihneď podávajte.

Variácie: Pridajte čierne alebo zelené olivy, kapary alebo nakrájané ančovičky spolu s cesnakom. Podávame posypané opečenou strúhankou na olivovom oleji alebo strúhaným syrom.

Špagety s cesnakom a olivami

Špagety s Aglio e Olive

Vyrobí 4 až 6 porcií

Táto rýchla omáčka na cestoviny môže byť vyrobená z olív, ktoré si sami nasekáte a nakrájate na kocky, ale pohodlnejšie sú pripravené olivové cestoviny. Pretože olivová pasta a olivy môžu byť slané, nepridávajte do tohto pokrmu strúhaný syr.

1 1/4 šálky olivového oleja

3 strúčiky cesnaku, nakrájané na tenké plátky

štipka mletej červenej papriky

1/4 šálky pasty zo zelených olív alebo podľa chuti alebo 1 šálka nakrájaných zelených olív bez kôstok

2 lyžice nasekanej čerstvej petržlenovej vňate

Soľ

1 libra špaget alebo linguine

1. Nalejte olej na dostatočne veľkú panvicu, aby sa do nej zmestili uvarené cestoviny. Pridajte cesnak a drvenú červenú papriku. Varte na strednom plameni, kým cesnak nezíska tmavo zlatú farbu, asi 4 až 5 minút. Pridajte olivovú pastu alebo olivy a petržlen a zložte panvicu z ohňa.

dva. Vo veľkom hrnci priveďte do varu 4 litre vody. Pridajte 2 polievkové lyžice soli, potom cestoviny a jemne ich zatlačte dole, kým nebudú cestoviny úplne pokryté vodou. Varte na vysokom ohni za častého miešania, kým nie sú cestoviny al dente, krehké, ale pevné na uhryznutie. Rezervujte si trochu vody na varenie. Sceďte cestoviny a pridajte ich do panvice s omáčkou.

3. Varte na strednom plameni a miešajte, pokiaľ nie sú cestoviny dobre potiahnuté omáčkou. Pokiaľ sa vám cestoviny zdajú suché, pridajte trochu horúcej vriacej vody. Ihneď podávajte.

Linguine s pestom

Pesto Linguine

Vyrobí 4 až 6 porcií

V Ligúrii sa pesto vyrába roztlčením cesnaku a byliniek v mažiari, kým nevznikne hustá pasta. Používajú sa tam rôzne bazalky s jemnou chuťou a drobnými lístkami dlhými maximálne pol palca. Pesto, ktoré vyrába, je oveľa jemnejšie ako to z bazalky, ktoré máme v Amerike. Na priblíženie chuti ligúrskeho pesta pridám trochu plocholistej petržlenovej vňate. Petržlen drží farbu lepšie ako bazalka, ktorá má tendenciu pri kosení sčernieť, takže pesto zostane zamatovo zelené. Pokiaľ cestujete do Ligúrie a radi zahradníčíte, kúpte si balíček malých semienok bazalky a vypestujte si ich na domácej záhrade. Nie je zakázané voziť si domov balené semená z Talianska.

1 šálka pevne zabalených listov bazalky, opláchnutých a sušených

1/4 šálky pevne zabalené čerstvé ploché petržlenové vňate, opláchnuté a osušené

2 lyžice blanšírovaných píniových orieškov alebo mandlí

1 strúčik cesnaku

Hrubá soľ

1/3 šálky extra panenského olivového oleja

1 libra linguinu

1/2 šálky čerstvo nastrúhaného Parmigiano-Reggiano

2 lyžice nesoleného masla, zmäkol

1. V kuchynskom robote nasekajte listy bazalky a petržlenovej vňate s píniovými orieškami, cesnakom a štipkou soli na veľmi jemné kúsky. Postupne tenkým pramienkom prilievajte olivový olej a miešajte do hladka. Chuť na dochutenie.

dva. Vo veľkom hrnci priveďte do varu 4 litre vody. Pridajte 2 polievkové lyžice soli, potom cestoviny a jemne ich zatlačte dole, kým nebudú cestoviny úplne pokryté vodou. Dobre premiešajte. Varte za častého miešania, pokiaľ nie sú cestoviny al dente, mäkké, ale pevné na hryzenie. Rezervujte si trochu vody na varenie. Sceďte cestoviny.

3. Vložte cestoviny do veľkej misy, aby ste ich mohli podávať horúce. Pridajte pesto, syr a maslo. Dobre premiešajte av

prípade potreby pridajte trochu odloženej vody z cestovín, aby sa pesto zriedilo. Ihneď podávajte.

Tenké špagety s vlašskými orechmi

Špagety s Noci

Vyrobí 4 až 6 porcií

Toto je neapolský recept, ktorý sa často konzumuje pri bezmäsitých piatkových jedlách. Vlašské orechy je potrebné na túto omáčku na cestoviny nasekať veľmi jemne, aby sa kúsky pri otáčaní k cestovinám prilepili. Nakrájajte ich nožom alebo použite kuchynský robot, ak chcete, ale nespracovávajte ich príliš na pastu.

1 1/4 šálky olivového oleja

3 veľké strúčiky cesnaku, ľahko nasekané

1 šálka jemne nasekaných vlašských orechov

Soľ

1 libra špaget, tenké linguine alebo rezance

1 1/2 šálky čerstvo nastrúhaného Pecorino Romano

čerstvo mleté čierne korenie

2 lyžice nasekanej čerstvej petržlenovej vňate

1. Nalejte olej do dostatočne veľkej panvice, aby sa doň zmestili cestoviny. Pridajte cesnak a varte na strednom plameni, za občasného lisovania cesnaku zadnou časťou lyžice, kým nezozlátne, asi 3 až 4 minúty. Odstráňte cesnak z panvice. Pridajte vlašské orechy a varte, kým nie sú ľahko opečené, asi 5 minút.

dva. Vo veľkom hrnci dajte variť aspoň 4 litre vody. Pridajte 2 lyžice soli a potom cestoviny. Dobre premiešajte. Varte na vysokom ohni za častého miešania, kým nie sú cestoviny al dente, krehké, ale pevné na uhryznutie. Cestoviny sceďte a nechajte si trochu vody z varenia.

3. Cestoviny premiešajte s orechovou omáčkou a dostatočným množstvom vody na varenie, aby zostali vlhké. Pridajte syr a veľkoryso mleté čierne korenie. Dobre premiešajte. Pridajte petržlen a ihneď podávajte.

Linguine so sušenými paradajkami

Linguine s Pomodori Secchi

Vyrobí 4 až 6 porcií

Poháre marinovaných sušených paradajok v špajze a nečakaní hostia inšpirovali tento rýchly cestovinový pokrm. Olej, do ktorého je balená väčšina marinovaných sušených paradajok, obvykle nie je najkvalitnejší, takže ho radšej scedím a do tejto ľahkej omáčky pridám svoj vlastný extra panenský olivový olej.

1 pohár (asi 6 uncí) marinovaných sušených paradajok, odkvapkaných

1 malý strúčik cesnaku

1 1/4 šálky extra panenského olivového oleja

1 lyžica balzamikového octu

Soľ

1 libra linguinu

6 lístkov čerstvej bazalky, naukladaných a nakrájaných na tenké prúžky

1.V kuchynskom robote alebo mixéri spojte paradajky a cesnak a spracujte, pokiaľ nie sú nakrájané najemno. Pomaly pridávajte olej a ocot a miešajte do hladka. Chuť na dochutenie.

dva. Vo veľkom hrnci dajte variť aspoň 4 litre vody. Pridajte 2 polievkové lyžice soli, potom cestoviny a jemne ich zatlačte dole, kým nebudú cestoviny úplne pokryté vodou. Dobre premiešajte. Varte na vysokom ohni za častého miešania, kým nie sú cestoviny al dente, krehké, ale pevné na uhryznutie. Rezervujte si trochu vody na varenie. Sceďte cestoviny.

3.Vo veľkej miske premiešajte cestoviny s paradajkovou omáčkou a čerstvou bazalkou, v prípade potreby pridajte trochu vody z rezervovaných cestovín. Ihneď podávajte.

Variácie:K cestovinám a omáčke pridajte plechovku tuniaka zabaleného v olivovom oleji. Alebo pridajte nasekané čierne olivy alebo ančovičky.

Špagety s paprikou, pecorínom a bazalkou

Špagety s feferónkami

Vyrobí 4 až 6 porcií

Jesť špagety, linguine alebo iné dlhé cestoviny lyžicou a vidličkou nie je v Taliansku považované za zdvorilé, rovnako ako rezanie prameňov na krátke kúsky. Deti sa od raného veku učia na vidličku točiť pramene cestovín a jesť ich úhľadne bez toho, aby srkli.

Podľa jedného príbehu bola na tento účel v polovici 19. storočia vynájdená trojcípa vidlica. Dovtedy sa cestoviny jedli vždy rukami a vidličky mali len dva hroty, pretože sa používali hlavne na napichovanie mäsa. Neapolský kráľ Ferdinand II. požiadal svojho komorníka Cesara Spadacciniho, aby vynašiel spôsob, ako podávať dlhé cestoviny na dvorných hostinách. Spadaccini prišiel s trojhrotou vidličkou a zvyšok je história.

Čerstvé pálivé chilli papričky sú typické pre kalabrijskú kuchyňu. Tu sú kombinované s paprikami a podávané so špagetami. Strúhané pecorino je príjemným, slaným protipólom sladkosti papriky a bazalky.

¹1/4 šálky olivového oleja

4 veľké červené papriky, nakrájané na tenké prúžky

1 alebo 2 malé čerstvé chilli papričky, nasekané a nasekané, alebo štipka drvené červenej papriky

Soľ

2 strúčiky cesnaku, nakrájané na tenké plátky

12 lístkov čerstvej bazalky nakrájaných na tenké prúžky

1/3 šálky čerstvo nastrúhaného Pecorino Romano

1 libra špaget

1. V panvici dostatočne veľké, aby sa do nej zmestili uvarené cestoviny, rozohrejte olej na strednom plameni. Pridajte papriku, chilli a soľ. Varte za občasného miešania 10 minút.

dva. Pridajte cesnak. Zakryte a varte ďalších 10 minút, alebo kým papriky nezmäknú. Odstráňte z ohňa a pridajte bazalku.

3. Vo veľkom hrnci dajte variť aspoň 4 litre vody. Pridajte 2 polievkové lyžice soli, potom cestoviny a jemne ich zatlačte

dole, kým nebudú cestoviny úplne pokryté vodou. Dobre premiešajte. Varte za častého miešania, kým nie sú špagety al dente, mäkké, ale stále pevné na hryzenie. Rezervujte si trochu vody na varenie. Sceďte cestoviny a pridajte ich do panvice s omáčkou.

Štyri. Varte na strednom plameni za stáleho miešania 1 minútu. Dobre premiešajte a pridajte trochu odloženej vody z cestovín. Pridajte syr a znova premiešajte. Ihneď podávajte.

Penne s cuketou, bazalkou a vajcami

Penne s cuketou a Uova

Vyrobí 4 až 6 porcií

Mýtus, že cestoviny „vynašiel" v Číne a do Talianska ich priviezol Marco Polo, je trvalý. Zatiaľ čo rezance sa možno jedli v Číne, keď Polo navštívil, cestoviny boli v Taliansku dobre známe dlho pred jeho návratom do Benátok v roku 1279. Archeológovia našli kresby a kuchynské náčinie, ktoré pripomínajú moderné nástroje na výrobu cestovín. , ako valček a rezacie koliesko, v etruskej hrobke zo 4. storočia pred naším letopočtom. C., severne od Ríma. Legendu možno pravdepodobne pripísať hollywoodskemu stvárneniu benátskeho prieskumníka vo filme z roku 1930 s Garym Cooperom v hlavnej úlohe.

V tomto neapolskom recepte sa vajcia varí v teple z cestovín a zeleniny, pokiaľ nie sú krémové a ľahko zrazené.

4 stredné cukety (asi 1 1/4 libry), umyté

1/3 šálky olivového oleja

1 malá cibuľa nakrájaná nadrobno

Soľ a čerstvo mleté čierne korenie

3 veľké vajcia

1/2 šálky čerstvo nastrúhaného Pecorino Romano alebo Parmigiano-Reggiano

1 libra penne

1 1/2 šálky nasekanej čerstvej petržlenovej vňate alebo bazalky

1.Nakrájajte cuketu na 1/4 palce hrubé tyčinky dlhé asi 1 1/2 palce. Kusy osušte.

dva. Nalejte olej na dostatočne veľkú panvicu, aby sa do nej zmestili uvarené cestoviny. Pridajte cibuľu a varte na strednom plameni za občasného miešania, kým nezmäkne, asi 5 minút. Pridajte cuketu a za častého miešania varte, kým ľahko nezhnedne, asi 10 minút. Dochutíme soľou a korením.

3.V strednej miske rozšľahajte vajcia so syrom a podľa chuti osoľte a okoreňte.

Štyri. Zatiaľ čo sa cukety varí, priveďte vo veľkom hrnci do varu asi 4 litre vody. Pridajte 2 lyžice soli a cestoviny. Dobre premiešajte. Varte na vysokom ohni za častého miešania, kým nie sú cestoviny al dente, krehké, ale pevné na uhryznutie. Rezervujte si trochu vody na varenie. Sceďte cestoviny a pridajte ich do panvice s omáčkou.

5. Cestoviny zmiešame s vaječnou zmesou. Pridajte bazalku a dobre premiešajte. Pokiaľ sa vám cestoviny zdajú suché, pridajte trochu vody z varenia. Pridajte štedrú mletú papriku a ihneď podávajte.

Cestoviny s hráškom a vajcami

Cestoviny s Piselli

Vyrobí 4 porcie

Moja mama toto jedlo pripravovala často, keď som bol malý. Použila hrášok z konzervy, ale ja rada používam mrazený, pretože má čerstvejšiu chuť a pevnejšiu textúru. Môže sa zdať neintuitívne lámať špagety na malé kúsky, ale to je kľúč k pôvodu tohto receptu. Keď boli ľudia chudobní a bolo veľa tlam, ktoré bolo treba nakŕmiť, prísady sa dali ľahko natiahnuť pridaním viacerých vody a pripraviť z nich polievku.

Toto je jedno z tých záložných jedál, ktoré môžem urobiť kedykoľvek, pretože mi málokedy dôjde balíček hrášku v mrazničke, cestoviny v špajze a pár vajec v chladničke. Vzhľadom na to, že hrášok, vajcia a cestoviny pekne zasýtia, obvykle robím toto množstvo na 4 porcie. Ak chcete 6-8 porcií, pridajte celú libru cestovín.

1 1/4 šálky olivového oleja

1 veľká cibuľa, nakrájaná na tenké plátky

1 balenie (10 uncí) mrazeného detského hrášku, čiastočne rozmrazeného

Soľ a čerstvo mleté čierne korenie

2 veľké vajcia

1/2 šálky čerstvo nastrúhaného Parmigiano-Reggiano

1 1/2 libry špaget alebo linguine, rozlámané na 2-palcové kúsky

1. Nalejte olej do dostatočne veľkej panvice, aby sa doň zmestili cestoviny. Pridajte cibuľu a varte na strednom plameni za občasného miešania, kým cibuľa nezmäkne a ľahko zhnedne, asi 12 minút. Pridajte hrášok a varte ešte asi 5 minút, kým hrášok nezmäkne. Okoreňte soľou a korením.

dva. V strednej miske rozšľahajte vajcia so syrom a podľa chuti osoľte a okoreňte.

3. Vo veľkom hrnci dajte variť aspoň 4 litre vody. Pridajte 2 lyžice soli a potom cestoviny. Dobre premiešajte. Varte na vysokom ohni za častého miešania, pokiaľ nie sú cestoviny mäkké, ale mierne uvarené. Cestoviny sceďte a nechajte si trochu vody z varenia.

Štyri. Vhoďte cestoviny do panvice s hráškom. Pridajte vaječnú zmes a na miernom ohni za stáleho miešania varte asi 2 minúty, kým vajcia mierne nestuhnú. Pokiaľ sa vám cestoviny zdajú suché, pridajte trochu vody z varenia. Ihneď podávajte.

Linguine so zelenými fazuľkami, paradajkami a bazalkou

Lingiune s Fagiolinim

Vyrobí 4 až 6 porcií

Ricotta salata je slaná lisovaná forma ricotty. Pokiaľ ju nemôžete nájsť, nahraďte ju jemným, nesoleným syrom feta alebo čerstvou ricottou a strúhaným pecorínom. Tieto cestoviny sú typické pre Pugliu.

12 uncí zelených fazule, nakrájaných

Soľ

1 1/4 šálky olivového oleja

1 strúčik cesnaku nasekaný nadrobno

5 stredných paradajok, olúpaných, zbavených semienok a nakrájaných (asi 3 šálky)

čerstvo mleté čierne korenie

1 libra linguinu

1 1/2 šálky nasekanej čerstvej bazalky

1 šálka strúhaného ricottového šalátu, mäkké fety alebo čerstvé ricotty

1.Priveďte do varu asi 4 litre vody. Pridajte zelené fazuľky a soľ podľa chuti. Varte 5 minút alebo do chrumkava. Vydlabajte zelené fazuľky dierovanou lyžicou alebo sitkom, vodu si ponechajte. Fazuľa osušte. Fazuľu nakrájajte na 1-palcové kúsky.

dva.Nalejte olej na dostatočne veľkú panvicu, aby sa do nej zmestili uvarené cestoviny. Pridajte cesnak a varte na stredne miernom ohni, kým ľahko nezhnedne, asi 2 minúty.

3.Pridajte paradajky a podľa chuti osoľte a okoreňte. Varte za občasného miešania, kým paradajky nezhustnú a nevyparí sa šťava. Pridajte fazuľu. Varte na miernom ohni ďalších 5 minút.

Štyri.Medzitým priveďte hrniec s vodou späť do varu. Pridajte 2 polievkové lyžice soli, potom linguine a jemne ju zatlačte dole, kým nebudú cestoviny úplne pokryté vodou. Varte na vysokom ohni za častého miešania, kým nie sú cestoviny al dente, krehké, ale pevné na uhryznutie. Rezervujte si trochu vody na varenie. Sceďte cestoviny a pridajte ich do panvice s omáčkou.

5. Linguine zmiešajte s omáčkou na panvici. Pridajte bazalku a syr a znova miešajte na strednom plameni, kým syr nie je krémový. Ihneď podávajte.

Uši so zemiakovým krémom a rukolou

Orecchiette so zemiakovým krémom

Vyrobí 4 až 6 porcií

Divoká rukola rastie po celej Puglii. Je chrumkavá, s úzkou zúbkovanou čepeľou a atraktívnou orechovou chuťou. Listy sa konzumujú surové a varené, často s cestovinami. Zemiaky sú škrobové, ale v Taliansku sú považované len za ďalšiu zeleninu, takže nie je zábran podávať ich s cestovinami, najmä v Puglii. Zemiaky sa uvaria do mäkka, potom sa roztlačia s vodou na varenie do krémova.

2 stredne varené zemiaky, asi 12 uncí

Soľ

1 1/4 šálky olivového oleja

1 strúčik cesnaku nasekaný nadrobno

1 libra orecchiette alebo škrupiny

2 zväzky rukoly (asi 8 uncí), pevné stonky odstránené, opláchnuté a odkvapkané

Soľ a čerstvo mleté čierne korenie

1. Zemiaky olúpte a vložte do malého hrnca so soľou podľa chuti a studenou vodou na zakrytie. Vodu priveďte do varu a zemiaky po prepichnutí ostrým nožom varte do mäkka, asi 20 minút. Zemiaky zlejte, vodu si nechajte.

dva. Nalejte olej do strednej panvice. Pridajte cesnak a varte na strednom plameni, kým cesnak nezezlátne, asi 2 minúty. Odoberte z ohňa. Pridajte zemiaky a dobre ich roztlačte šťouchadlom alebo vidličkou, pridajte asi hrnček odloženej vody, aby vznikla jemná „smotana". Okoreňte soľou a korením.

3. Priveďte do varu 4 litre vody. Pridajte 2 lyžice soli a potom cestoviny. Dobre premiešajte. Varte na vysokom ohni za častého miešania, kým nie sú cestoviny al dente, krehké, ale pevné na uhryznutie. Pridajte rukolu a raz premiešajte. Sceďte cestoviny a rukolu.

Štyri. Do hrnca vráťte cestoviny a rukolu a pridajte zemiakovú omáčku. Varte a miešajte na miernom ohni, v prípade potreby pridajte trochu vody zo zemiakov. Ihneď podávajte.

Cestoviny a zemiaky

Cestoviny a zemiaky

Vyrobí 6 porcií

Rovnako ako cestoviny s fazuľami alebo šošovkou, cestoviny a zemiaky sú dobrým príkladom cucina povera, juhotalianskeho spôsobu, ako vziať niektoré skromné ingrediencie a premeniť ich na lahodné jedlá. Keď boli časy naozaj zlé a bolo mnoho tlam, ktoré bolo treba nakŕmiť, bolo zvykom pridať vodu navyše, obvykle tekutinu zvyšnú pri varení zeleniny alebo varení cestovín, čím sa tieto jedlá pretiahli z cestovín do polievky, aby išli ďalej.

1 1/4 šálky olivového oleja

1 stredná mrkva, nakrájaná

1 stredný rebrový zeler, nakrájaný

1 stredná cibuľa nakrájaná

2 strúčiky cesnaku jemne nasekané

2 lyžice nasekanej čerstvej petržlenovej vňate

3 lyžice paradajkového pretlaku

Soľ a čerstvo mleté čierne korenie

1 1/2 libry vriacich zemiakov, olúpaných a nakrájaných

1 libra tubetti alebo malých škrupín

1/2 šálky čerstvo nastrúhaného Pecorino Romano alebo Parmigiano-Reggiano

1. Do veľkého hrnca nalejte olej a pridajte nakrájané ingrediencie okrem zemiakov. Varte na strednom plameni za občasného miešania, kým nezmäkne a nezezlátne, asi 15 až 20 minút.

dva. Pridajte paradajkový pretlak a podľa chuti osoľte a okoreňte. Pridajte zemiaky a 4 hrnčeky vody. Priveďte do varu a varte, kým nie sú zemiaky veľmi mäkké, asi 30 minút. Zadnou časťou lyžice roztlačte niekoľko zemiakov.

3. Vo veľkom hrnci priveďte do varu asi 4 litre vody. Pridajte 2 lyžice soli a potom cestoviny. Dobre premiešajte. Varte za častého miešania, pokiaľ nie sú cestoviny al dente, mäkké, ale pevné na hryzenie. Rezervujte si trochu vody na varenie.

Pridajte cestoviny do zemiakovej zmesi. V prípade potreby pridajte trochu odloženej vody na varenie, ale zmes by mala zostať pomerne hustá. Pridajte syr a ihneď podávajte.

Škrupiny s karfiolom a syrom

Conchiglie al Cavolfiore

Vyrobí 6 porcií

Všestranný karfiol je hviezdou mnohých cestovinových pokrmov v južnom Taliansku. Na Sicílii sme urobili toto jednoduché jedlo s miestnym karfiolom zafarbeným na fialovo.

1 1/2 šálky olivového oleja

1 stredná cibuľa, jemne nakrájaná

1 stredný karfiol, olúpaný a nakrájaný na ružičky

Soľ

2 lyžice nasekanej čerstvej petržlenovej vňate

čerstvo mleté čierne korenie

1 libra mušlí

3 1/4 šálky čerstvo nastrúhaného Pecorino Romano

1. Nalejte olej na dostatočne veľkú panvicu, aby sa do nej zmestili uvarené cestoviny. Pridajte cibuľu a varte na strednom plameni 5 minút. Pridajte karfiol a soľ podľa chuti. Prikryte a varte 15 minút alebo kým karfiol nezmäkne. Podľa chuti pridajte petržlen a čierne korenie.

dva. Vo veľkom hrnci dajte variť aspoň 4 litre vody. Pridajte 2 lyžice soli a potom cestoviny. Dobre premiešajte. Varte na vysokom ohni za častého miešania, kým nie sú cestoviny al dente, krehké, ale pevné na uhryznutie. Cestoviny sceďte a nechajte si trochu vody z varenia.

3. Pridajte cestoviny do panvice s karfiolom a dobre premiešajte na strednom plameni. V prípade potreby pridajte trochu vody na varenie. Pridajte syr a znovu premiešajte s veľkorysým mletým čiernym korením. Ihneď podávajte.

Cestoviny s karfiolom, šafranom a ríbezľami

Cestoviny Arriminati

Vyrobí 6 porcií

Odrody sicílskeho karfiolu siahajú od purpurovo bielej po hráškovo zelenú a chutia skvele na jeseň av zime, keď sú čerstvo zozbierané. Ide o jednu z niekoľkých kombinácií sicílskych cestovín a karfiolu. Šafran dodáva zlatožltú farbu a jemnú chuť, zatiaľ čo ríbezle a ančovičky dodávajú sladkosť a slanosť. Opečená strúhanka poskytuje jemné chrumkanie ako bodku na záver.

1 lyžička šafranových nití

dva/3 šálky tmavých ríbezlí alebo hrozienok

Soľ

1 veľký karfiol (asi 2 libry), orezaný a nakrájaný na ružičky

1/3 šálky olivového oleja

1 stredná cibuľa, jemne nakrájaná

6 filiet sardely, odkvapkaných a nakrájaných

čerstvo mleté čierne korenie

1/3 šálky píniových orieškov, ľahko opražených

1 libra penne alebo mušlí

1 1/4 šálky opečené strúhanky

1. V malej miske pokropte pramene šafranu 2 lyžicami horúcej vody. Vložte ríbezle do ďalšej misky s horúcou vodou, aby bola pokrytá. Oboje necháme asi 10 minút odstáť.

dva. Vo veľkom hrnci dajte variť aspoň 4 litre vody. Pridajte 2 lyžice soli a karfiol. Varte za častého miešania, kým karfiol po prepichnutí nožom nezmäkne, asi 10 minút. Karfiol vyberte dierovanou lyžicou, vodu si nechajte na varenie cestovín.

3. Nalejte olej na dostatočne veľkú panvicu, aby sa do nej zmestili uvarené cestoviny. Pridajte cibuľu a varte na strednom plameni 10 minút. Pridajte ančovičky a varte ďalšie 2 minúty za častého miešania, kým sa nerozpustí. Pridajte šafran a namáčaciu tekutinu. Ríbezle sceďte a pridajte do panvice.

Štyri. Pridajte uvarený karfiol. Odoberte časť vody z varenia a pridajte ju do panvice s karfiolom. Varte 10 minút, pričom karfiol lámte zadnou časťou lyžice, až na malé kúsky. Podľa chuti osolíme a okoreníme. Pridajte píniové oriešky.

5. Zatiaľ čo sa karfiol varí, privedieme vriacu vodu späť do varu. Pridajte cestoviny a dobre premiešajte. Varte na vysokom ohni za častého miešania, kým nie sú cestoviny al dente, krehké, ale pevné na uhryznutie. Rezervujte si trochu vody na varenie. Sceďte cestoviny a potom ich pridajte na panvicu s karfiolovou zmesou. Dobre premiešajte a pridajte trochu vody z varenia, pokiaľ sa cestoviny zdajú suché.

6. Cestoviny podávajte posypané opečenou strúhankou.

Motýliky s artičokami a hráškom

Farfalle s Carciofi

Vyrobí 4 až 6 porcií

Napriek tomu, že mnoho talianskych stredísk sa počas zimných mesiacov zatvára, väčšina sa znovu otvára na Veľkú noc. Tak tomu bolo v Portofine jeden rok, keď som tam bol, aj keď počasie bolo daždivé a chladné. Obloha sa konečne vyjasnila a vyšlo slniečko a my sme si s manželom mohli vychutnať obed na terase nášho hotela s výhľadom na more.

Začali sme týmito cestovinami, nasledovala celá ryba, pečená s olivami. Dezert bol citrónový koláč. Bola to perfektná veľkonočná večera.

Pokiaľ nemáte baby artičoky, nahraďte ich väčšími artičokami nakrájanými na mesiačiky.

500 g jemných artičokov

2 lyžice olivového oleja

1 malá cibuľa nakrájaná nadrobno

1 strúčik cesnaku nasekaný nadrobno

Soľ a čerstvo mleté čierne korenie

2 šálky čerstvého hrášku alebo 1 balenie (10 uncí) mrazeného

1 1/2 šálky nasekanej čerstvej bazalky alebo plocholistej petržlenovej vňate

1 libra farfalle

1/2 šálky čerstvo nastrúhaného Parmigiano-Reggiano

1. Pomocou veľkého noža odrežte horný 1 palec artičokov. Dobre ich opláchnite studenou vodou. Nakloňte sa a odrežte malé listy okolo základne. Pomocou nožníc odstrihnite špicaté konce zostávajúcich listov. Odlúpnite pevnú vonkajšiu šupku zo stoniek a okolo základne. Artičoky rozpolíme. Pomocou malého noža so zaoblenou špičkou zoškrabnite všetky chlpaté listy zo stredu. Artičoky nakrájajte na tenké plátky.

dva. Nalejte olivový olej na panvicu dostatočne veľkú, aby sa do nej zmestili uvarené cestoviny. Pridajte cibuľu a cesnak a varte za občasného miešania na strednom plameni 10 minút.

Pridajte artičoky a 2 lyžice vody. Podľa chuti osolíme a okoreníme. Varte 10 minút alebo kým artičoky nezmäknú.

3.Pridajte hrášok. Varte 5 minút alebo pokiaľ hrášok nezmäkne. Odstráňte z ohňa a pridajte bazalku.

Štyri. Priveďte do varu aspoň 4 litre vody. Pridajte 2 lyžice soli a potom cestoviny. Dobre premiešajte. Varte za častého miešania, pokiaľ nie sú cestoviny al dente, mäkké, ale pevné na hryzenie. Rezervujte si trochu vody na varenie. Sceďte cestoviny.

5.Zmiešajte cestoviny s artičokovou omáčkou a trochou vody z varenia, pokiaľ je to nutné. Pridajte kvapku extra panenského olivového oleja a znova premiešajte. Posypeme syrom a ihneď podávame.

Fettuccine s artičokami a ošípanými

Fettuccine s Carciofi a Porcini

Vyrobí 4 až 6 porcií

Artičoky a hríbiky sa môžu zdať ako neobvyklá kombinácia, ale nie v Ligúrii, kde som tieto cestoviny jedol. Pretože je toto jedlo tak chutné, strúhaný syr nie je nutný, najmä ak ho zakončíte dobrým extra panenským olivovým olejom.

1 unca sušených hríbikov

1 šálka teplej vody

1 libra artičokov

1 1/4 šálky olivového oleja

1 malá cibuľa nakrájaná

1 strúčik cesnaku, veľmi jemne nasekaný

2 lyžice nasekanej čerstvej petržlenovej vňate

1 šálka olúpaných, zbavených semienok a nakrájaných čerstvých paradajok alebo konzervovaných dovezených talianskych paradajok, odkvapkaných a nakrájaných

Soľ a čerstvo mleté čierne korenie

1 libra suchého fettuccínu

extra panenský olivový olej

1. Huby vložíme do vody a necháme 30 minút máčať. Vyberte huby z vody, zarezervujte si tekutinu. Opláchnite huby pod studenou tečúcou vodou, aby ste odstránili piesok, pričom zvláštnu pozornosť venujte koncom stoniek, kde sa zhromažďujú nečistoty. Huby nakrájajte na veľké kúsky. Tekutinu z húb precedíme do misy. Dať bokom.

dva. Pomocou veľkého noža odrežte horný 1 palec artičokov. Dobre ich opláchnite studenou vodou. Nakloňte sa a odrežte malé listy okolo základne. Pomocou nožníc odstrihnite špicaté konce zostávajúcich listov. Odlúpnite pevnú vonkajšiu šupku zo stoniek a okolo základne. Artičoky rozpolíme. Pomocou malého noža zoškrabnite všetky rozstrapkané listy zo stredu. Artičoky nakrájajte na tenké plátky.

3. Nalejte olej na dostatočne veľkú panvicu, aby sa do nej zmestili uvarené cestoviny. Pridajte cibuľu, huby, petržlen a cesnak a varte na strednom plameni 10 minút. Pridajte artičoky, paradajky a podľa chuti osoľte a okoreňte. Varte 10 minút. Pridajte tekutinu z húb a varte ďalších 10 minút, alebo kým artičoky pri testovaní nožom nezmäknú.

Štyri. Vo veľkom hrnci priveďte do varu 4 litre vody. Pridajte 2 lyžice soli a potom cestoviny. Dobre premiešajte. Varte na vysokom ohni za častého miešania, kým nie sú cestoviny al dente, krehké, ale pevné na uhryznutie. Rezervujte si trochu vody na varenie. Sceďte cestoviny.

5. Cestoviny zmiešajte s omáčkou a podľa potreby s trochou vody z varenia. Pokvapkajte extra panenským olivovým olejom a ihneď podávajte.

Rigatoni s baklažánovým ragú

Rigatoni s Rago di Melanzane

Vyrobí 4 až 6 porcií

Mäso sa obvykle pridáva do paradajkovej omáčky, aby sa vyrobilo ragu, ale táto vegetariánska verzia Basilicaty používa baklažán, pretože je rovnako bohatý a chutný.

Rigav mene tvaru cestovín, ako je rigatoni alebo penne rigate, znamená, že má hrebene, ktoré fungujú ako kliešte na omáčku. Rigatoni sú veľké štrbinové tuby z cestovín. Jeho hrúbka a veľký tvar dopĺňa výdatné ragú s hustými prísadami.

1 1/4 šálky olivového oleja

1 1/4 šálky nakrájanej šalotky

4 šálky nakrájaného baklažánu

1 1/2 šálky nakrájanej červenej papriky

1 1/2 šálky suchého bieleho vína

1 1/2 libry slivkových paradajok, olúpaných, zbavených semienok a nakrájaných, alebo 2 šálky konzervovaných dovezených talianskych paradajok so šťavou

Vetvička čerstvého tymiánu

Soľ

čerstvo mleté čierne korenie

1 libra rigatoni, penne alebo farfalle

Extra panenský olivový olej, na pokvapkanie

1. Nalejte olej do veľkej ťažkej panvice. Pridajte šalotku a varte 1 minútu na strednom plameni. Pridajte baklažán a červenú papriku. Varte za častého miešania, kým zelenina nezmäkne, asi 10 minút.

dva. Pridajte víno a varte 1 minútu, kým sa neodparí.

3. Pridajte paradajky, tymian, soľ a korenie podľa chuti. Znížte teplo na minimum. Varte za občasného miešania 40 minút alebo kým omáčka nezhustne a zelenina nezmäkne. Pokiaľ je zmes príliš suchá, pridajte trochu vody. Odstráňte tymian.

Štyri. Vo veľkom hrnci dajte variť aspoň 4 litre vody. Pridajte 2 lyžice soli a potom cestoviny. Dobre premiešajte. Varte na vysokom ohni za častého miešania, kým nie sú cestoviny al dente, krehké, ale pevné na uhryznutie. Rezervujte si trochu vody na varenie. Sceďte cestoviny a preložte do teplej servírovacej misy.

5. Vlejte omáčku a dobre premiešajte, v prípade potreby pridajte trochu vody z varenia. Pokvapkajte trochou extra panenského olivového oleja a znovu premiešajte. Ihneď podávajte.

Sicílske špagety s baklažánom

Špagety alla Norma

Vyrobí 4 až 6 porcií

Pravidloje *názov krásnej opery, ktorú zložil Sicílsky Vincenzo Bellini. Tieto cestoviny vyrobené z baklažánu, veľmi obľúbenej zeleniny na Sicílii, boli pomenované po opere.*

Ricotta salata je lisovaná forma ricotty, ktorá sa dobre krája ako syr do jedla alebo strúhaná na cestoviny. Existuje aj údená verzia, ktorá je obzvlášť lahodná, aj keď som ju nikdy nevidel mimo Sicílie. Pokiaľ nemôžete nájsť ricotta salata, nahraďte feta, ktorá je veľmi podobná, alebo použite Pecorino Romano.

1 stredný baklažán, orezaný a nakrájaný na plátky s hrúbkou 1/4 palce

Soľ

olivový olej na vyprážanie

2 strúčiky cesnaku, ľahko nasekané

štipka mletej červenej papriky

3 libry zrelých slivkových paradajok, olúpaných, zbavených semienok a nakrájaných, alebo 1 plechovka (28 uncí) dovezených talianskych lúpaných paradajok, odkvapkaných a nakrájaných

6 lístkov čerstvej bazalky

1 libra špaget

1 šálka strúhaného ricotta salata alebo Pecorino Romano

1. Plátky baklažánu uložte do sitka na tanier a každú vrstvu posypte soľou. Nechajte stáť 30 až 60 minút. Baklažán opláchnite a dobre osušte papierovými utierkami.

dva. Nalejte asi 1/2 palce oleja do hlbokej, ťažkej panvice. Zohrejte olej na strednom plameni, kým malý kúsok baklažánu nezasyčí, keď ho vložíte do panvice. Smažte plátky baklažánu po niekoľkých do zlatista z oboch strán. Nechajte odkvapkať na papierových utierkach.

3. Nalejte 3 lyžice oleja do strednej panvice. Pridajte cesnak a drvenú červenú papriku a varte na strednom plameni, kým cesnak nezezlátne, asi 4 minúty. Odstráňte cesnak. Pridajte paradajky a soľ podľa chuti. Znížte teplotu na minimum a

varte 20 až 30 minút alebo kým omáčka nezhustne. Pridajte bazalku a vypnite oheň.

Štyri. Vo veľkom hrnci dajte variť aspoň 4 litre vody. Pridajte 2 lyžice soli a potom cestoviny. Dobre premiešajte. Varte na vysokom ohni za častého miešania, kým nie sú cestoviny al dente, krehké, ale pevné na uhryznutie. Rezervujte si trochu vody na varenie. Sceďte cestoviny.

5.Vhoďte cestoviny s omáčkou do teplej servírovacej misy av prípade potreby pridajte trochu vody z varenia. Pridajte syr a znova premiešajte. Položte plátky baklažánu a ihneď podávajte.

Motýliky s brokolicou, paradajkami, píniovými orieškami a hrozienkami

Farfalle alla Siciliana

Vyrobí 4 až 6 porcií

Píniové oriešky krásne chrumkajú a hrozienka dodajú sladkosť týmto lahodným sicílskym cestovinám. Brokolica sa varí v rovnakom hrnci ako cestoviny, takže sa ich chute naozaj spoja. Pokiaľ namiesto odrody slivka narazíte na veľké, okrúhle paradajky, môžete ich nahradiť, aj keď omáčka bude redšia a môže vyžadovať trochu dlhšie varenie.

1/3 šálky olivového oleja

2 strúčiky cesnaku jemne nasekané

štipka mletej červenej papriky

2 1/2 libry čerstvých slivkových paradajok (asi 15), olúpaných, zbavených semienok a nakrájaných

Soľ a čerstvo mleté čierne korenie

2 lyžice hrozienok

1 libra farfalle

1 stredný zväzok brokolice, zbavenej stopky a nakrájanej na malé ružičky

2 lyžice opražených píniových orieškov

1.Nalejte olej do dostatočne veľkej panvice, aby sa doň zmestili cestoviny. Pridajte cesnak a drvenú červenú papriku. Varte na strednom plameni, kým cesnak nezezlátne, asi 2 minúty. Pridajte paradajky a podľa chuti osoľte a okoreňte. Priveďte do varu a varte, kým omáčka nezhustne, 15 až 20 minút. Pridajte hrozienka a odstráňte z tepla.

dva. Vo veľkom hrnci dajte variť aspoň 4 litre vody. Pridajte 2 lyžice soli a potom cestoviny. Dobre premiešajte. Varte za častého miešania, kým sa voda nevráti do varu.

3.Pridajte brokolicu k cestovinám. Varte za častého miešania, pokiaľ nie sú cestoviny al dente, mäkké, ale pevné na hryzenie. Rezervujte si trochu vody na varenie.

Štyri. Sceďte cestoviny a brokolicu. Pridajte ich do panvice s paradajkami, v prípade potreby pridajte trochu vody z varenia. Dobre premiešajte. Posypeme píniovými orieškami a ihneď podávame.

Cavatelli s cesnakovou zeleninou a zemiakmi

Cavatelli so zeleninou a zemiakmi

Vyrobí 4 až 6 porcií

Umývanie zeleniny možno nie je moja obľúbená práca, ale nájsť piesok v jedle je ešte horšie, takže ju umývam minimálne trikrát. Stojí to za to trápenie. V tomto recepte môžete použiť iba jednu odrodu, ale zmes dvoch alebo troch rôznych druhov zeleniny dodá pokrmu zaujímavú textúru a chuť.

Zemiaky v tomto recepte by mali byť nakrájané na malé kúsky, aby sa uvarili spoločne s cestovinami. Nakoniec sú trochu prepečené a drobivé a dodajú cestovinám krémovú hladkosť.

1 1/2 libry rôznej zeleniny, ako je brokolica, mizuna, horčica, kel alebo púpava, orezané

Soľ

1/3 šálky olivového oleja

4 strúčiky cesnaku, nakrájané na tenké plátky

štipka mletej červenej papriky

Soľ a čerstvo mleté čierne korenie

1 libra cavateli

1 libra vriacich zemiakov, olúpaných a nakrájaných na 1/2-palcové kúsky

1. Naplňte umývadlo alebo veľkú misu studenou vodou. Pridajte zeleninu a vmiešajte ju do vody. Zeleninu preložte do sitka, vymeňte vodu a opakujte ešte aspoň dvakrát, aby ste odstránili všetky stopy krupice.

dva. Priveďte do varu veľký hrniec vody. Pridajte zeleninu a soľ podľa chuti. Varte, kým zelenina nezmäkne, 5 až 10 minút, v závislosti na použitých odrodách. Zeleninu sceďte a nechajte mierne vychladnúť pod tečúcou studenou vodou. Zeleninu nakrájajte na malé kúsky.

3. Nalejte olej na dostatočne veľkú panvicu, aby sa do nej zmestili uvarené cestoviny. Pridajte cesnak a drvenú červenú papriku. Varte na strednom plameni, kým cesnak nezezlátne, 2 minúty. Pridajte zeleninu a štipku soli. Varte za miešania, kým sa zelenina nepokryje olejom, asi 5 minút.

Štyri. Vo veľkom hrnci dajte variť aspoň 4 litre vody. Pridajte 2 lyžice soli a potom cestoviny. Varte za častého miešania, kým sa voda nevráti do varu. Pridajte zemiaky a varte, kým nie sú cestoviny al dente, jemné, ale pevné na skus. Rezervujte si trochu vody na varenie. Sceďte cestoviny.

5. K zelenine pridajte cestoviny a zemiaky a dobre premiešajte. Pokiaľ sa vám cestoviny zdajú suché, pridajte trochu vody na varenie. Ihneď podávajte.

Cuketa Linguine

Cuketa Linguine

Vyrobí 4 až 6 porcií

Odolajte nutkaniu kúpiť si malé alebo stredne veľké cukety a povedzte nie vďaka priateľom zo záhradníctva, ktorí zúfalo ponúkajú tekvica veľkosti jazvečíka. Jumbo cukety sú vodnaté, syrové a bez chuti, ale tie, ktoré sú dlhé ako párok v rožku a nie sú hrubšie ako knockwurst, sú jemné a lahodné.

V tomto recepte sa mi páči najmä Pecorino Romano, pikantný a pikantný syr z ovčieho mlieka z južného Talianska.

6 malých zelených alebo žltých tekvíc (asi 2 libry)

1/3 šálky olivového oleja

3 jemne nasekané strúčiky cesnaku

Soľ a čerstvo mleté čierne korenie

1 1/4 šálky nasekanej čerstvej bazalky

2 lyžice nasekanej čerstvej petržlenovej vňate

1 lyžica mletého čerstvého tymiánu

1 libra linguinu

1 1/2 šálky čerstvo nastrúhaného Pecorino Romano

1. Cukety premasírujte pod studenou vodou. Zastrihnite konce. Nakrájajte pozdĺžne na štvrtiny a potom na plátky.

dva. V panvici dostatočne veľké, aby sa do nej zmestili cestoviny, rozohrejte olej na strednom plameni. Pridajte cuketu a varte za občasného miešania, kým ľahko nezhnedne a nezmäkne, asi 10 minút. Zatlačte cuketu na jednu stranu panvice a pridajte cesnak, soľ a korenie. Varte 2 minúty. Pridajte bylinky, pridajte cuketu s korením a potom stiahnite z ohňa.

3. Zatiaľ čo sa cuketa varí, priveďte vo veľkom hrnci do varu 4 litre vody. Pridajte 2 lyžice soli a potom cestoviny. Dobre premiešajte. Varte na vysokom ohni za častého miešania, kým nie sú cestoviny al dente, krehké, ale pevné na uhryznutie. Rezervujte si trochu vody na varenie.

Štyri. Sceďte cestoviny. Vložte cestoviny do panvice s cuketou. Dobre premiešajte, v prípade potreby pridajte trochu vody z varenia. Pridajte syr a znova premiešajte. Ihneď podávajte.

Penne s grilovanou zeleninou

Cestoviny so zeleninou alla Griglia

Vyrobí 4 až 6 porcií

Na baklažanoch síce väčšinou nechávam šupku, ale grilovaním šupka stuhne, takže ju pred zapnutím grilu stĺpu. Tiež, ak vaše baklažány nie sú čerstvé z farmy, môžete ich pred varením osoliť, aby ste znížili horkosť, ktorá sa zrením zeleniny zvyšuje. Ak to chcete urobiť, olúpte a nakrájajte baklažán, potom plátky vložte do sitka a každú vrstvu posypte hrubou soľou. Nechajte stáť 30 až 60 minút, aby sa odstránila tekutina. Opláchnite soľ, osušte a varte podľa návodu.

2 libry slivkových paradajok (asi 12)

Olivový olej

1 stredný baklažán, olúpaný a nakrájaný na hrubé plátky

2 stredne sladké cibule, červené alebo biele, nakrájané na hrubé plátky

Soľ a čerstvo mleté čierne korenie

2 strúčiky cesnaku, veľmi jemne nasekané

12 lístkov čerstvej bazalky, nakrájanej na malé kúsky

1 libra penne

1 1/2 šálky čerstvo nastrúhaného Pecorino Romano

1. Umiestnite grilovací rošt alebo gril asi 4 palce od zdroja tepla. Predhrejte gril alebo brojler. Umiestnite paradajky na gril. Varte za častého otáčania kliešťami, kým paradajky nezmäknú a šupka ľahko zuhoľnatená a uvoľnená. Odstráňte paradajky. Plátky baklažánu a cibule potrieme olejom a posypeme soľou a korením. Grilujte, kým zelenina nezmäkne a nezhnedne, ale nesčernie, asi 5 minút z každej strany.

dva. Paradajky zbavíme šupky a odrežeme konce stoniek. Paradajky dajte do veľkej servírovacej misy a dobre ich roztlačte vidličkou. Pridajte cesnak, bazalku, 1/4 šálky oleja a podľa chuti osoľte a okoreňte.

3. Baklažán a cibuľu nakrájajte na tenké rezančeky a pridajte ich k paradajkám.

Štyri. Vo veľkom hrnci dajte variť aspoň 4 litre vody. Pridajte 2 lyžice soli a potom cestoviny. Dobre premiešajte. Varte na vysokom ohni za častého miešania, kým nie sú cestoviny al dente, krehké, ale pevné na uhryznutie. Nechajte si trochu tekutiny na varenie.

5. Sceďte cestoviny. Do veľkej servírovacej misy vhoďte cestoviny so zeleninou. Pokiaľ sa vám cestoviny zdajú suché, pridajte trochu vody na varenie. Pridajte syr a ihneď podávajte.

Penne s hubami, cesnakom a rozmarínom

Penne s hubami

Vyrobí 4 až 6 porcií

V tomto recepte môžete použiť akýkoľvek druh húb, ako je hliva, shiitake, cremini alebo štandardná biela odroda. Zvlášť dobrá je kombinácia. Ak máte naozaj divoké huby, ako sú smrže, uistite sa, že ich naozaj dobre očistíte, pretože môžu byť veľmi drsné.

1 1/4 šálky olivového oleja

1 libra húb, nakrájaných na tenké plátky

2 veľké strúčiky cesnaku, jemne nasekané

2 lyžičky veľmi jemne nasekaného čerstvého rozmarínu

Soľ a čerstvo mleté čierne korenie

1 libra penne alebo farfalle

2 lyžice nesoleného masla

2 lyžice nasekanej čerstvej petržlenovej vňate

1. V panvici dostatočne veľké, aby sa do nej zmestili cestoviny, rozohrejte olej na strednom plameni. Pridajte huby, cesnak a rozmarín. Varte za častého miešania, kým huby nezačnú púšťať tekutinu, asi 10 minút. Podľa chuti osolíme a okoreníme. Varte za častého miešania, kým huby ľahko nezhnednú, ešte asi 5 minút.

dva. Vo veľkom hrnci dajte variť aspoň 4 litre vody. Pridajte 2 lyžice soli a potom cestoviny. Dobre premiešajte. Varte na vysokom ohni za častého miešania, kým nie sú cestoviny al dente, krehké, ale pevné na uhryznutie. Rezervujte si trochu vody na varenie.

3. Sceďte cestoviny. Cestoviny vhoďte do panvice s hubami, maslom a petržlenovou vňaťou. Pokiaľ sa vám cestoviny zdajú suché, pridajte trochu vody z varenia. Ihneď podávajte.

Linguine s červenou repou a cesnakom

Linguine s barbabietole

Vyrobí 4 až 6 porcií

Cestoviny a červená repa sa môžu zdať ako neobvyklá kombinácia, ale odkedy som ich vyskúšal v malom meste na pobreží Emilia-Romagna, patrí k mojim najobľúbenejším. Nielen, že je to chutné, ale je to aj jedno z najkrajších cestovín, ktoré poznám. Každý bude ohromený jeho pôsobivou farbou. Urobte to koncom leta a začiatkom jesene, kedy je čerstvá červená repa najsladšia.

8 strednej červenej repy, orezané

1/3 šálky olivového oleja

3 jemne nasekané strúčiky cesnaku

štipka drvenej červenej papriky alebo podľa chuti

Soľ

1 libra linguinu

1. Umiestnite rošt do stredu rúry. Predhrejte rúru na 450 ° F. Trite repu a zabaľte do veľkého listu fólie, pevne uzavrite. Umiestnite balíček na plech. Pečte 45 až 75 minút, v závislosti od veľkosti, alebo kým repa nebude mäkká, keď ju prepichnete ostrým nožom. Repu necháme vychladnúť vo fólii. Repu ošúpeme a nakrájame.

dva. Nalejte olej na dostatočne veľkú panvicu, aby sa do nej zmestili uvarené cestoviny. Pridajte cesnak a drvenú červenú papriku. Varte na strednom plameni, kým cesnak nezezlátne, asi 2 minúty. Pridajte repu a vhoďte ju do olejovej zmesi, kým sa nezahreje.

3. Vo veľkom hrnci dajte variť aspoň 4 litre vody. Pridajte 2 lyžice soli a potom cestoviny. Dobre premiešajte. Varte na vysokom ohni za častého miešania, kým nie sú cestoviny al dente, krehké, ale pevné na uhryznutie.

Štyri. Cestoviny sceďte a nechajte si trochu vody z varenia. Nalejte linguine do panvice s repou. Pridajte trochu vody z varenia a varte na strednom plameni, pričom cestoviny otáčajte vidličkou a lyžicou, kým nebudú mať jednotnú farbu, asi 2 minúty. Ihneď podávajte.

Motýlik s červenou repou a zeleňou

Farfalle s Barbabietole

Vyrobí 4 až 6 porcií

Toto je variácia<u>Linguine s červenou repou a cesnakom</u>recept, s použitím ako repy, tak zelenej repy. Pokiaľ špičky repy vyzerajú kašovité alebo hnedé, nahraďte asi pol kila čerstvým špenátom, mangoldom alebo inou zeleninou.

1 zväzok čerstvej červenej repy so špičkami (4 až 5 repy)

1/3 šálky olivového oleja

2 veľké strúčiky cesnaku, jemne nasekané

Soľ a čerstvo mleté čierne korenie

1 libra farfalle

4 unce ricotta salata, strúhaná

1. Umiestnite rošt do stredu rúry. Predhrejte rúru na 450 ° F. Zelenú repu nakrájajte a dajte bokom. Utrite repu a zabaľte ju do veľkého listu hliníkovej fólie, pevne uzavrite. Umiestnite

balíček na plech. Pečte 45 až 75 minút, v závislosti od veľkosti, alebo kým repa nebude mäkká, keď ju prepichnete ostrým nožom. Repu necháme vychladnúť vo fólii. Rozbaľte fóliu, potom repu olúpte a nakrájajte.

dva. Zeleninu dobre umyte a odstráňte tuhé stonky. Priveďte do varu veľký hrniec vody. Pridajte zeleninu a soľ podľa chuti. Varte 5 minút alebo kým zelenina takmer nezmäkne. Zeleninu sceďte a schlaďte pod tečúcou vodou. Zeleninu nakrájajte na veľké kúsky.

3.Olej nalejte na panvicu dostatočne veľkú, aby sa do nej zmestili všetky cestoviny a zelenina. Pridajte cesnak. Varte na strednom plameni, kým cesnak nezezlátne, asi 2 minúty. Pridajte repu a zeleninu a štipku soli a korenia. Varte za miešania asi 5 minút alebo pokiaľ sa zelenina neprehreje.

Štyri. Vo veľkom hrnci dajte variť aspoň 4 litre vody. Pridajte 2 lyžice soli a potom cestoviny. Dobre premiešajte. Varte na vysokom ohni za častého miešania, kým nie sú cestoviny al dente, krehké, ale pevné na uhryznutie.

5.Cestoviny sceďte a nechajte si trochu vody z varenia. Pridajte cestoviny do panvice s repou. Pridajte trochu vody z varenia a za stáleho miešania varte, kým cestoviny nebudú mať jednotnú farbu, asi 1 minútu. Pridajte syr a znova premiešajte. Ihneď podávajte s výdatným posypom čerstvo mletým čiernym korením.

Cestoviny so šalátom

Cestoviny s Insalatou

Vyrobí 4 až 6 porcií

Cestoviny zmiešané s čerstvým zeleninovým šalátom sú lahodným ľahkým letným pokrmom. Mal som to pri návšteve priateľov v Piemonte. Nenechávajte odležať príliš dlho, inak zelenina stratí chuť a lesklý vzhľad.

2 stredné paradajky, nakrájané

1 stredná feniklová cibuľa, orezaná a nakrájaná na malé kúsky

1 malá červená cibuľa, nakrájaná

1 1/4 šálky extra panenského olivového oleja

2 lyžice bazalky nakrájané na tenké prúžky

Soľ a čerstvo mleté čierne korenie

2 šálky rukoly nakrájané na malé kúsky

1 libra lakťov

1. Vo veľkej servírovacej miske zmiešajte paradajky, fenikel, cibuľu, olivový olej, bazalku a soľ a korenie podľa chuti. Dobre premiešajte. Navrch dáme rukolu.

dva. Vo veľkom hrnci dajte variť aspoň 4 litre vody. Pridajte 2 lyžice soli a potom cestoviny. Varte na vysokom ohni za častého miešania, kým nie sú cestoviny al dente, krehké, ale pevné na uhryznutie. Rezervujte si trochu vody na varenie. Sceďte cestoviny.

3. Zmiešajte cestoviny so šalátovou zmesou. Pokiaľ sa vám cestoviny zdajú suché, pridajte trochu vody z varenia. Ihneď podávajte.

Fusilli s pečenými paradajkami

Fusilli s Pomodori al Forno

Vyrobí 4 až 6 porcií

Pečené paradajky sú v mojom dome obľúbenou prílohou, niečo, čo podávam k rybám, teľacím kotletom alebo steaku. Jedného dňa pripravil veľkú panvicu plnú, ale nemal ich na čo podávať, okrem sušených cestovín. Pečené paradajky a ich šťavu som pridala k čerstvo uvareným fusilli. Teraz to robím stále.

2 libry zrelých slivkových paradajok (asi 12 až 14), nakrájaných na plátky hrubé 1/4 palce

3 veľké strúčiky cesnaku, jemne nasekané

1 1/2 lyžičky sušeného oregana

Soľ a čerstvo mleté čierne korenie

1/3 šálky olivového oleja

1 libra fusilli

¹1/2 šálky nasekanej čerstvej bazalky alebo plocholistej petržlenovej vňate

1. Umiestnite rošt do stredu rúry. Predhrejte rúru na 400 ° F. Vymažte zapekaciu misku alebo zapekaciu misu s rozmermi 13 × 9 × 2 palce.

dva. Na pripravený plech rozložíme polovicu plátkov paradajok. Posypeme cesnakom, oreganom, soľou a korením podľa chuti. Navrch položte zvyšné paradajky. Pokvapkajte olejom.

3. Pečte, kým paradajky nezmäknú, 30 až 40 minút. Vyberte pokrm z rúry.

Štyri. Vo veľkom hrnci dajte variť aspoň 4 litre vody. Pridajte 2 lyžice soli a potom cestoviny. Dobre premiešajte. Varte na vysokom ohni za častého miešania, kým nie sú cestoviny al dente, krehké, ale pevné na uhryznutie. Cestoviny sceďte a nechajte si trochu vody z varenia.

5. Pastu nanášajte na pečené paradajky a dobre premiešajte. Pridajte bazalku alebo petržlen a znovu premiešajte, pokiaľ sa vám cestoviny zdajú suché, pridajte trochu vody na varenie. Ihneď podávajte.

Lakte so zemiakmi, paradajkami a rukolou

vlajka

Vyrobí 6 až 8 porcií

V Puglii sa týmto cestovinám hovorí „vlajka", pretože majú červenú, bielu a zelenú farbu talianskej vlajky. Niektorí kuchári ju pripravujú s väčším množstvom tekutiny a podávajú ju ako polievku.

1 1/4 šálky olivového oleja

2 veľké strúčiky cesnaku, jemne nasekané

štipka mletej červenej papriky

1 1⁄2 libry zrelých slivkových paradajok, olúpaných, zbavených semienok a nakrájaných (asi 3 šálky)

2 lyžice nasekanej čerstvej bazalky

Soľ a čerstvo mleté čierne korenie

1 libra lakťov

3 stredne vriace zemiaky (1 libra), olúpané a nakrájané na 1⁄2-palcové kúsky

2 zväzky rukoly, orezané a nakrájané na 1-palcové kúsky (asi 4 šálky)

1⁄3 šálky čerstvo nastrúhaného Pecorino Romano

1. Nalejte olej do dostatočne veľkej panvice, aby sa doň zmestili cestoviny. Pridajte cesnak a drvenú červenú papriku. Varte na strednom plameni, kým cesnak nezezlátne, 2 minúty.

dva. Pridajte paradajky, bazalku, soľ a korenie podľa chuti. Priveďte do varu a za občasného miešania varte, kým omáčka mierne nezhustne, asi 10 minút.

3. Vo veľkom hrnci dajte variť aspoň 4 litre vody. Pridajte 2 lyžice soli a potom cestoviny. Dobre premiešajte. Keď sa voda vráti do varu, pridajte zemiaky. Varte za častého miešania, pokiaľ nie sú cestoviny al dente, mäkké, ale pevné na hryzenie.

Štyri. Cestoviny a zemiaky sceďte a nechajte si trochu vody z varenia. Do vriacej paradajkovej omáčky pridajte cestoviny, zemiaky a rukolu. Varte za miešania 1 až 2 minúty, alebo pokiaľ nie sú cestoviny a zelenina dobre potiahnuté omáčkou. Pokiaľ sa vám cestoviny zdajú suché, pridajte trochu vody na varenie.

5. Pridajte syr a ihneď podávajte.

Rustikálne Linguine v rímskom štýle

Linguine alla Ciociara

Vyrobí 4 až 6 porcií

Moji priatelia Diane Darrow a Tom Maresca, ktorí píšu o talianskom jedle a víne, ma oboznámili s týmito rímskymi cestovinami. Názov znamená v miestnom dialekte „štýl sedliackej ženy". Svieža, bylinná chuť zelenej papriky robí tieto jednoduché cestoviny nevšednými.

1 stredne zelená paprika

1 1/2 šálky olivového oleja

2 šálky olúpaných, zbavených semienok a nakrájaných čerstvých paradajok alebo konzervovaných importovaných talianskych paradajok, odkvapkaných a nakrájaných

1/2 šálky nahrubo nasekaných čiernych olív Gaeta alebo iných čiernych olív konzervovaných jemným olejom

Soľ

štipka mletej červenej papriky

1 libra linguine alebo špagety

1 1/2 šálky čerstvo nastrúhaného Pecorino Romano

1. Papriku rozkrojte napoly a odstráňte stopku a semienka. Papriku pozdĺžne nakrájajte na veľmi tenké plátky, potom plátky nakrájajte priečne na tretiny.

dva. V panvici dostatočne veľké, aby sa do nej zmestili uvarené špagety, rozohrejte olej na strednom plameni. Pridajte paradajky, papriku, olivy, soľ podľa chuti a drvenú červenú papriku. Priveďte do varu a za občasného miešania varte, kým omáčka mierne nezhustne, asi 20 minút.

3. Vo veľkom hrnci dajte variť aspoň 4 litre vody. Pridajte 2 lyžice soli a potom cestoviny. Dobre premiešajte. Varte na vysokom ohni za častého miešania, kým nie sú cestoviny al dente, krehké, ale pevné na uhryznutie. Cestoviny sceďte a nechajte si trochu vody z varenia.

Štyri. Pridajte cestoviny do panvice s omáčkou. Varte a miešajte na strednom plameni po dobu 1 minúty a pridajte trochu odloženej vriacej vody, pokiaľ sa cestoviny zdajú suché. Pridajte syr a znova premiešajte. Ihneď podávajte.

Penne s jarnou zeleninou a cesnakom

Penne alla Primavera

Vyrobí 4 až 6 porcií

Hoci klasický spôsob výroby salsy primavera je s hustou smotanou a maslom, tento spôsob založený na olivovom oleji ochutenom cesnakom je tiež dobrý.

1 1/4 šálky olivového oleja

4 jemne nasekané strúčiky cesnaku

8 špíčkov špargle, nakrájaných na malé kúsky

4 zelené cibule, nakrájané na 1/4-palcové plátky

3 veľmi malé cukety (asi 12 uncí), nakrájané na 1/4-palcové plátky

2 stredné mrkvy, nakrájané na 1/4-palcové plátky

2 polievkové lyžice vody

Soľ a čerstvo mleté čierne korenie

2 šálky malých cherry alebo hroznových paradajok, nakrájaných na polovicu

3 lyžice nasekanej čerstvej petržlenovej vňate

1 1/2 šálky čerstvo nastrúhaného Pecorino Romano

1. Nalejte olej do dostatočne veľkej panvice, aby sa doň zmestili cestoviny. Pridajte cesnak a varte na strednom plameni 2 minúty. Pridajte špargľu, zelenú cibuľku, cuketu, mrkvu, vodu a podľa chuti osoľte a okoreňte. Zakryte panvicu a znížte teplotu. Varte, kým mrkva takmer nezmäkne, 5 až 10 minút.

dva. Vo veľkom hrnci dajte variť aspoň 4 litre vody. Pridajte 2 lyžice soli a potom cestoviny. Dobre premiešajte. Varte na vysokom ohni za častého miešania, kým nie sú cestoviny al dente, krehké, ale pevné na uhryznutie. Cestoviny sceďte a nechajte si trochu vody z varenia.

3. Paradajky a petržlen vmiešame do panvice so zeleninou a dobre premiešame. Pridajte cestoviny a syr a znovu premiešajte, pokiaľ sa vám cestoviny zdajú suché, pridajte trochu vody na varenie. Ihneď podávajte.

Cestoviny "Arrastrada" so smotanou a hubami

Cestoviny Strascinata

Vyrobí 4 až 6 porcií

Hlavným dôvodom, prečo navštíviť Torgiano v Umbrii, je zostať v Le Tre Vaselle, krásnom vidieckom hostinci s vynikajúcou reštauráciou. Pred pár rokmi sme tam s manželom jedli tieto neobvyklé „pretiahnuté" cestoviny. Krátke, špicaté trubičky cestovín známe ako pennettes sa varili priamo v omáčke na spôsob rizota. Takto uvarené cestoviny som nikde inde nevidel.

Vzhľadom k tomu, že technika je úplne odlišná, nezabudnite si prečítať recept, než začnete, a mať vývar horúci a všetky ingrediencie po ruke, než začnete.

Rodina vinárov Lungarotti vlastní Le Tre Vaselle ak týmto cestovinám by bolo ideálne jedno z ich vynikajúcich červených vín, ako je Rubesco.

1 stredná cibuľa, jemne nakrájaná

6 lyžíc olivového oleja

1 libra pennette, ditalini alebo tubetti

2 lyžice brandy

5 šálok horúce domáceMäsový vývarbuďKuracia polievkaalebo 2 šálky konzervovaného vývaru zmiešaného s 3 šálkami vody

8 uncí nakrájaných bielych húb

Soľ a čerstvo mleté čierne korenie

³1/4 šálky hustej smotany

1 šálka čerstvo nastrúhaného Parmigiano-Reggiano

1 lyžica nasekanej čerstvej petržlenovej vňate

1. Na panvici dostatočne veľké, aby sa do nej zmestili všetky cestoviny, opečte cibuľu na 2 lyžiciach oleja na strednom plameni do mäkka a do zlatista, asi 10 minút. Cibuľu dajte na tanier a vyčistite panvicu.

dva. Nalejte zvyšné 4 lyžice oleja do panvice a zahrievajte na strednom plameni. Pridajte cestoviny a varte za častého miešania, kým cestoviny nezačnú hnednúť, asi 5 minút. Pridajte koňak a varte, kým sa neodparí.

3. Vráťte cibuľu na panvicu a pridajte 2 šálky horúceho vývaru. Oheň stiahnite na stredne vysoký a za častého miešania varte, kým sa väčšina vývaru nevstrebe. Pridajte ďalšie 2 šálky vývaru. Keď sa väčšina tekutiny vstrebe, pridajte huby. Za stáleho miešania prilievajte po troškách zostávajúci vývar, aby cestoviny zostali vlhké. Dochutíme soľou a korením.

Štyri. Asi 12 minút po tom, čo ste začali pridávať vývar, by cestoviny mali byť takmer al dente, krehké, ale pevné pri hryzení. Pridajte smotanu a varte do mierneho zhustnutia, asi 1 minútu.

5. Zložte panvicu z ohňa a pridajte syr. Pridajte petržlen a ihneď podávajte.

Rímske cestoviny s paradajkami a mozzarellou

Cestoviny všetky slovenské

Vyrobí 4 až 6 porcií

Keď môj manžel vyskúšal tieto cestoviny v Ríme prvýkrát, tak mu chutili, že ich jedol prakticky každý deň nášho pobytu. Uistite sa, že používate krémovú čerstvú mozzarellu a veľmi zrelé paradajky. Sú to ideálne cestoviny na letné dni.

3 stredne zrelé paradajky

1 1/4 šálky extra panenského olivového oleja

1 malý strúčik cesnaku, jemne nasekaný

Soľ a čerstvo mleté čierne korenie

20 lístkov bazalky

1 libra tubetti alebo ditalini

8 uncí čerstvé mozzarelly, nakrájané na malé kocky

1. Paradajky prekrojte napoly a odstráňte jadrovník. Vytlačte semienka paradajok. Paradajky nakrájajte a dajte do misy dostatočne veľké, aby obsahovali všetky ingrediencie.

dva. Pridajte olej, cesnak a podľa chuti soľ a korenie. Naskladajte lístky bazalky a nakrájajte ich na tenké prúžky. Pridajte bazalku k paradajkám. Túto omáčku je možné pripraviť vopred a uchovávať pri izbovej teplote až 2 hodiny.

3. Vo veľkom hrnci dajte variť aspoň 4 litre vody. Pridajte 2 lyžice soli a potom cestoviny. Dobre premiešajte. Varte na vysokom ohni za častého miešania, kým nie sú cestoviny al dente, krehké, ale pevné na uhryznutie. Cestoviny scedíme a zmiešame s omáčkou. Pridajte mozzarellu a znova premiešajte. Ihneď podávajte.

Fusilli s tuniakom a paradajkami

Fusilli al Tonno

Vyrobí 4 až 6 porcií

Rovnako ako si vychutnávam dobré grilované čerstvé steaky z tuniaka, myslím, že konzervovaného tuniaka mám asi ešte radšej. Robí skvelé sendviče a šaláty, samozrejme, ale Taliani majú iné využitie, ako v klasickom Vitello Tonnato (<u>*Teľacie mäso v tuniakovej omáčke*</u>*) k teľaciemu mäsu, alebo vo forme paštéty alebo s cestovinami, ako to kuchári na Sicílii obvykle robia. Pre túto omáčku nepoužívajte tuniaka baleného vo vode. Chuť je príliš nevýrazná a textúra príliš mokrá. Pre najlepšiu chuť a textúru použite kvalitného tuniaka baleného v olivovom oleji z Talianska alebo Španielska.*

3 stredné paradajky, nakrájané

1 plechovka (7 uncí) dovezeného talianskeho alebo španielskeho tuniaka baleného v olivovom oleji

10 nasekaných lístkov čerstvej bazalky

1 1/2 lyžičky sušeného oregana, rozdrobeného

štipka mletej červenej papriky

Soľ

1 libra fusilli alebo rotelle

1. Vo veľkej miske zmiešajte paradajky, tuniaka s olejom, bazalku, oregano, červenú papriku a soľ podľa chuti.

dva. Vo veľkom hrnci dajte variť aspoň 4 litre vody. Pridajte 2 lyžice soli a potom cestoviny. Dobre premiešajte. Varte na vysokom ohni za častého miešania, kým nie sú cestoviny al dente, krehké, ale pevné na uhryznutie. Rezervujte si trochu vody na varenie. Sceďte cestoviny.

3. Zmiešajte cestoviny s omáčkou. Pokiaľ sa vám cestoviny zdajú suché, pridajte trochu vody z varenia. Ihneď podávajte.

Linguine so sicílskym pestom

Trapanese Pesto Linguine

Vyrobí 4 až 6 porcií

Pesto omáčka je obvykle spájaná s Ligúriou, ale tá väčšinou patrí k bazalke a cesnaku. Pesto v taliančine označuje všetko, čo je rozdrvené, nasekané alebo rozdrvené, čo je spôsob, akým sa táto omáčka obvykle vyrába v Trapani, pobrežnom meste na západe Sicílie.

V tomto pokrme je veľa chuti; nie je potrebný syr.

1 1/2 šálky blanšírovaných mandlí

2 veľké strúčiky cesnaku

1 1/2 šálky balených čerstvých lístkov bazalky

Soľ a čerstvo mleté čierne korenie

1 libra čerstvých paradajok, olúpaných, zbavených semienok a nakrájaných

1/3 šálky extra panenského olivového oleja

1 libra linguinu

1. V kuchynskom robote alebo mixéri zmiešajte mandle, cesnak, bazalku a soľ a korenie podľa chuti. Ingrediencie dobre nasekajte. Pridajte paradajky a olej a spracujte do hladka.

dva. Vo veľkom hrnci dajte variť aspoň 4 litre vody. Pridajte 2 polievkové lyžice soli, potom cestoviny a jemne ich zatlačte dole, kým nebudú cestoviny úplne pokryté vodou. Dobre premiešajte. Varte na vysokom ohni za častého miešania, kým nie sú cestoviny al dente, krehké, ale pevné na uhryznutie. Rezervujte si trochu vody na varenie. Sceďte cestoviny.

3. Nalejte cestoviny do veľkej misy, aby ste ich mohli podávať horúce. Pridajte omáčku a dobre premiešajte. Pokiaľ sa vám cestoviny zdajú suché, pridajte trochu odloženej vody z cestovín. Ihneď podávajte.

Špagety s pestom "Loco"

Špagety s pestom matto

Vyrobí 4 až 6 porcií

Tento recept je prevzatý z brožúry "Požitky z varenia cestovín" vydanej spoločnosťou Agnesi pasta v Taliansku. Recepty predložili domáci kuchári a autor tohto receptu pravdepodobne toto netradičné pesto zaimprovizoval (odtiaľ jeho názov).

2 stredne zrelé paradajky, olúpané, zbavené semienok a nakrájané

1 1/2 šálky nakrájaných čiernych olív

6 lístkov bazalky, naukladaných a nakrájaných na tenké prúžky

1 lyžica mletého čerstvého tymiánu

1 1/4 šálky olivového oleja

Soľ a čerstvo mleté čierne korenie

1 libra špaget alebo linguine

4 unce čerstvého mäkkého kozieho syra

1.Vo veľkej servírovacej mise zmiešajte paradajky, olivy, bazalku, tymian, olej a podľa chuti soľ a korenie.

dva. Vo veľkom hrnci dajte variť aspoň 4 litre vody. Pridajte 2 polievkové lyžice soli, potom cestoviny a jemne ich zatlačte dole, kým nebudú cestoviny úplne pokryté vodou. Dobre premiešajte. Varte na vysokom ohni za častého miešania, kým cestoviny nezmäknú. Sceďte cestoviny.

3.Pridajte cestoviny do misy s paradajkami a dobre premiešajte. Pridajte kozí syr a znova premiešajte. Ihneď podávajte.

Motýliky so surovou omáčkou Puttanesca

Farfalle alla Puttanesca

Vyrobí 4 až 6 porcií

Zložky tejto omáčky na cestoviny sú podobné tým<u>Linguine s ančovičkami a pikantnou paradajkovou omáčkou</u>, ale chuť je úplne odlišná, pretože táto omáčka nevyžaduje varenie.

1 liter cherry alebo hroznových paradajok, nakrájaných na polovicu

6 až 8 nakrájaných filetov sardely

1 veľký strúčik cesnaku, veľmi jemne nasekaný

1/2 šálky Gaeta alebo iných mäkkých čiernych olív bez kôstky, nakrájaných

1/4 šálky jemne nasekané čerstvé ploché petržlenové vňate

2 lyžice kapar, opláchnuté a nakrájané

1 1/2 lyžičky sušeného oregana

1 1/4 šálky extra panenského olivového oleja

Soľ podľa chuti

štipka mletej červenej papriky

1 libra suchého farfalle alebo fettuccine

1. Vo veľkej mise zmiešajte paradajky, ančovičky, cesnak, olivy, petržlen, kapary, oregano, olej, soľ a vločky červenej papriky. Nechajte stáť 1 hodinu pri izbovej teplote.

dva. Vo veľkom hrnci dajte variť aspoň 4 litre vody. Pridajte 2 lyžice soli a potom cestoviny. Dobre premiešajte. Varte na vysokom ohni za častého miešania, kým cestoviny nezmäknú. Rezervujte si trochu vody na varenie. Sceďte cestoviny.

3. Zmiešajte cestoviny s omáčkou. Pokiaľ sa vám cestoviny zdajú suché, pridajte trochu vody z varenia. Ihneď podávajte.

Cestoviny so surovou zeleninou

Cestoviny alla Crudaiola

Vyrobí 4 až 6 porcií

Zeler dodáva týmto ľahkým letným cestovinám chrumkavosť a citrónovú šťavu čistú a ľahkú chuť.

2 libry zrelých paradajok, olúpaných, zbavených semienok a nakrájaných

1 strúčik cesnaku, veľmi jemne nasekaný

1 šálka detských zelerových rebier, nakrájaných na tenké plátky

1 1/2 šálky bazalkových listov, naukladaných a nakrájaných na tenké prúžky

1/2 šálky Gaety alebo iných mäkkých čiernych olív, vykôstkovaných a nakrájaných

1 1/4 šálky extra panenského olivového oleja

1 lyžica citrónovej šťavy

Soľ a čerstvo mleté čierne korenie

1 libra fusilli alebo gemelli

1. Paradajky dajte do veľkej misy s cesnakom, zelerom, bazalkou a olivami a dobre premiešajte. Pridajte olej, citrónovú šťavu, soľ a korenie podľa chuti.

dva. Vo veľkom hrnci dajte variť aspoň 4 litre vody. Pridajte 2 lyžice soli a potom cestoviny. Dobre premiešajte. Varte na vysokom ohni za častého miešania, kým cestoviny nezmäknú. Sceďte cestoviny a rýchlo ich premiešajte s omáčkou. Ihneď podávajte.

Špagety "Ponáhľaj sa"

Spaghetti Sciue 'Sciue'

Vyrobí 4 až 6 porcií

Mini Grape Tomatoes majú skvelú paradajkovú chuť a sú v sezóne po celý rok. V tomto recepte dobre fungujú aj cherry paradajky. Neapolská fráza sciue 'sciue' (vyslovuje sa shoo-ay, shoo-ay) znamená niečo ako "ponáhľaj sa" a táto omáčka sa rýchlo spojí.

1 1/4 šálky olivového oleja

3 strúčiky cesnaku, nakrájané na tenké plátky

štipka mletej červenej papriky

3 šálky hroznových paradajok alebo cherry paradajok, nakrájané na polovicu

Soľ

Štipka sušeného oregana, rozdrobeného

1 libra špaget

1.Nalejte olej na dostatočne veľkú panvicu, aby sa do nej zmestili uvarené cestoviny. Pridajte cesnak a červenú papriku. Varte na strednom plameni, kým cesnak ľahko nezhnedne, asi 2 minúty. Pridajte paradajky, soľ podľa chuti a oregano. Varte za miešania raz alebo dvakrát po dobu 10 minút alebo kým paradajky nezmäknú a šťava mierne nezhustne. Uhasiť oheň.

dva. Vo veľkom hrnci dajte variť aspoň 4 litre vody. Pridajte 2 polievkové lyžice soli, potom cestoviny a jemne ich zatlačte dole, kým nebudú cestoviny úplne pokryté vodou. Dobre premiešajte. Varte na vysokom ohni za častého miešania, kým nie sú cestoviny al dente, krehké, ale pevné na uhryznutie. Cestoviny sceďte a nechajte si trochu vody z varenia.

3.Vložte cestoviny do panvice s paradajkovou omáčkou. Ohrejte na vysokú teplotu a varte za miešania 1 minútu. Pokiaľ sa vám cestoviny zdajú suché, pridajte trochu vody z varenia. Ihneď podávajte.

Penne "naštvaný"

Penne all'Arrabbiata

Vyrobí 4 až 6 porcií

Tieto penne v rímskom štýle sa nazývajú "nahnevané" kvôli horúcej chuti paradajkovej omáčky. Použite toľko alebo málo drvené červenej papriky, ako chcete. Tieto cestoviny sa obvykle podávajú bez syra.

1 1/4 šálky olivového oleja

4 strúčiky cesnaku, ľahko nasekané

Drvená červená paprika podľa chuti

2 libry čerstvých paradajok, olúpaných, zbavených semienok a nakrájaných, alebo 1 plechovka (28 uncí) dovezených talianskych lúpaných paradajok, odkvapkaných a nakrájaných

2 lístky čerstvej bazalky

Soľ

1 libra penne

1. Nalejte olej na dostatočne veľkú panvicu, aby sa do nej zmestili všetky cestoviny. Pridajte cesnak a korenie a varte, kým cesnak nezhnedne, asi 5 minút. Odstráňte cesnak.

dva. Pridajte paradajky, bazalku a soľ podľa chuti. Varte 15 až 20 minút alebo kým omáčka nezhustne.

3. Vo veľkom hrnci dajte variť aspoň 4 litre vody. Pridajte 2 lyžice soli a potom cestoviny. Dobre premiešajte. Varte na vysokom ohni za častého miešania, kým nie sú cestoviny al dente, krehké, ale pevné na uhryznutie. Rezervujte si trochu vody na varenie. Sceďte cestoviny.

Štyri. Preneste pero na panvicu a dobre premiešajte na vysokej teplote. Pokiaľ sa vám cestoviny zdajú suché, pridajte trochu vody z varenia. Ihneď podávajte.

Rigatoni s ricottou a paradajkovou omáčkou

Rigatoni s ricottou a omáčkou Pomodoro

Vyrobí 4 až 6 porcií

Jedná sa o staromódny juhotaliansky spôsob podávania cestovín, ktorému nemožno odolať. Niektorí kuchári radi obliekajú cestoviny iba paradajkovou omáčkou, potom ricottu odovzdávajú zvlášť, zatiaľ čo iní radi všetko pred podávaním premiešajú. Výber je na vás.

2 1/2 šálok paradajkovej omáčky

1 libra rigatoni, škrupiny alebo cavatelli

Soľ

1 šálka celej alebo čiastočne odstredené ricotty pri izbovej teplote

Čerstvo nastrúhané Pecorino Romano alebo Parmigiano-Reggiano, podľa chuti

1. V prípade potreby pripravte omáčku. Vo veľkom hrnci dajte variť aspoň 4 litre vody. Pridajte 2 lyžice soli a potom cestoviny. Dobre premiešajte. Varte na vysokom ohni za

častého miešania, kým nie sú cestoviny al dente, krehké, ale pevné na uhryznutie.

dva. Zatiaľ čo sa cestoviny varí, v prípade potreby priveďte omáčku do varu.

3.Nalejte trochu horúcej omáčky do horúcej servírovacej misy. Sceďte cestoviny a vložte ich do misy. Okamžite premiešajte, pridajte ďalšiu omáčku podľa chuti. Pridajte ricottu a dobre premiešajte. Nastrúhaný syr preložte zvlášť. Ihneď podávajte.

www.ingramcontent.com/pod-product-compliance
Lightning Source LLC
Chambersburg PA
CBHW070422120526
44590CB00014B/1502